近畿圏版 ① 最新入試に対応！ 家庭学習に最適の問題集!!

洛南高等学校附属小学校 立命館小学校

2025年度版 過去問題集

2023~2024年度 実施試験 計2年分収録

問題集の効果的な使い方

①学習を始める前に、まずは保護者の方が「入試問題」の傾向や、どの程度難しいか把握をします。すべての「アドバイス」にも目を通してください。
②各分野の学習を先に行い、基礎学力を養いましょう！
③力が付いてきたと思ったら「過去問題」にチャレンジ ！
④お子さまの得意・苦手がわかったら、その分野の学習を進め、全体的なレベルアップを図りましょう ！

厳選!

合格必携 問題集セット

洛南高等学校附属小学校

お話の記憶	お話の記憶問題集 中・上級編
推　理	Jr. ウォッチャー ❻「系列」
推　理	Jr. ウォッチャー ❼「迷路」
推　理	Jr. ウォッチャー ⓰「積み木」
数　量	Jr. ウォッチャー ㉛「推理思考」

立命館小学校

図　形	Jr. ウォッチャー ❹「同図形探し」
推　理	Jr. ウォッチャー ❻「系列」
記　憶	Jr. ウォッチャー ⓴「見る記憶」
知　識	Jr. ウォッチャー ㉗「理科」55「理科②」
言　語	Jr. ウォッチャー 60「言葉の音

●資料提供●

京都幼児教室

ISBN978-4-7761-5585-0
C6037 ￥2400E
9784776155850

日本学習図書 ニチガク

定価 2,640円
(本体2,400円＋税10%)
1926037024002

こんなこと…ありませんか？

「ニチガクの問題集…買ったはいいけど、、、
この問題の教え方がわからない（汗）」

メールでお悩み解決します！

☆ ホームページ内の専用フォームで必要事項を入力！
☆ 教え方に困っているニチガクの問題を教えてください！
☆ 確認終了後、具体的な指導方法をメールでご返信！
☆ 全国どこでも！ スマホでも！ ぜひご活用ください！

<質問回答例>

アドバイス

推理分野の学習では、後の学習に活きる思考力を養うことができます。ご家庭で指導する場合にも、テクニックにたよらず、保護者の方が先に基本的な考え方を理解した上で、<u>お子さまによく考えさせることを大切にして指導してください。</u>

Q.「お子さまによく考えさせることを大切にして指導してください」と学習のポイントにありますが、考える習慣をつけさせるためには、具体的にどのようにしたらいいですか？

A. お子さまが考える時間を持てるように、質問の仕方と、タイミングに工夫をしてみてください。
たとえば、「答えはあっているけど、どうやってその答えを見つけたの」「答えは○○なんだけど、どうしてだと思う？」という感じです。
はじめのうちは、「必ず 30 秒考えてから手を動かす」などのルールを決める方法もおすすめです。

まずは、ホームページへアクセスしてください!!

https://www.nichigaku.jp　日本学習図書　検索

目指せ！合格！

家庭学習ガイド
洛南高等学校附属小学校

ペーパー　運動　行動観察　親子面接

入試情報

募集人数：男女90名
応募者数：男子58名　女子66名
出題形態：ペーパー、ノンペーパー
面　　接：保護者
出題領域：ペーパー（記憶、言語、推理、数量、図形、常識）、運動

入試対策

2025年度入試から入試の時間配分が「ペーパー（個別）」３分の１、「行動観察（個別）」３分の１、「行動観察（集団）」３分の１へと変更されます。「行動観察」により時間を割き、それに伴い個別と集団に分けて行われるのが大きな変更点になります。「個別」では与えられた課題に対して、結果だけでなくどのように取り組んだかも重要視し、また「集団」では他者とどのように向き合えるかについて観られます。また面接は、保護者面接から親子面接に変更され、ご家庭での子どもとの向き合い方や教育方針についてお子様主体で実施することになります。作文は600字のものが２回から１回になります。こちらについては、題目について保護者の方がお子様とどう向き合っているのかが観られます。教育理念や社会生活といったもののほかに、校風を反映した内容のものも出題されます。過去の題目に目を通し対策しておくとよいでしょう。

●難しい問題が減ってきているとはいえ、応用力を試される問題も見られます。基礎を大切にしつつ、分野を横断するような学習も取り入れましょう。

●ペーパーテストの時間配分が変更され短くなるものの、内容が大きく変更されることはないと考えられます。時間が短くなった分、より密度の濃い試験が行われることも予想されます。分野については過去問題集で学習しつつ、短い時間でより多く解けるよう対策するとよいでしょう。

●保護者の方には、面接資料提出時と試験時に作文が課されました。試験時の作文では、お子さまの教育や社会生活など一般的な事柄から、仏教の教えに関わるような内容まで出題されます。過去の設問に目を通し、しっかり対策しておく必要があります。

●保護者作文は、「〇〇について思うところをお書きください」という形で出題されます。これは「あなたの思うところ」を書くということなので、一般論ではダメということです。テーマについてあなた自身の意見を書くようにしましょう。

「洛南高等学校附属小学校」について

〈合格のためのアドバイス〉

当校は、日本有数の進学校、洛南高等学校の附属小学校として、2016年４月に開校し、10年を迎えようとしています。2025年度の試験からは、入試の内容が一部変更され、ともするとペーパーテスト重視と捉えられられていたような時間配分を変更し、行動観察により時間を割いた形になります。行動観察で問われる内容は、感情のコントロールができているか、生活習慣が身についているかなどが観られます。一方、ペーパーテストは、本書掲載の問題で傾向をつかみ、学習のポイントを参考にして家庭学習を行ってください。この他に特筆すべき点として、学校側が保護者の方をよく知りたいという思いから、出願時に作文、試験日前の指定日に保護者面接、試験時間中の課題作文の３つが課されています。課題作文では、１時間で600字程度の作文を書くことになります。文字数は多くありませんが、課題に対する答えを考え、作文全体の構成、表記の統一をとるなど、あらかじめ練習しておくべきことはたくさんあります。保護者の方が日常でこうした作文を書く機会はあまりないと思いますので、本書該当問題とアドバイスを参考にして、早めに練習を始めてください。

〈2024年度選考〉

◆ペーパーテスト
◆運動
◆行動観察
◆保護者面接（考査日前に実施）
◆保護者作文

◇過去の応募状況

2024年度	男子58名	女子66名
2023年度	男子64名	女子71名
2022年度	男子63名	女子60名

〈保護者作文について〉

お子さまが試験を受けている間、保護者に作文が課されます。B4サイズ横向きの用紙に600字の縦書きの原稿用紙と下書き用紙が１枚ずつ配布されます。終了後は、原稿用紙と下書き用紙とも回収されました。

◆作文の課題例（本書掲載分以外の過去問題）

・「子を知る親に若かず然も子を知らざることもまた往々にして親に若かず」という言葉について、思うところをお書きください。
・「現代の親は多すぎる子育て情報に溺れているのではないか」という意見について、思うところをお書きください。
・「横で比べず、縦で比べよ」という言葉について、思うところをお書きください。
・「快適すぎるリビングは子どもの五感を鈍らせてしまう」という意見について、思うところをお書きください。
・「親が遺すことができる最大の贈り物は、親自身の自立だと思っているのよ」について思うところをお書きください。

目指せ！合格！

家庭学習ガイド
立命館小学校

ペーパー　制作　行動観察　親子面接

入試情報

募集人数：男女約120名
応募者数：非公表
出題形態：ペーパー、ノンペーパー
面　　接：保護者・志願者
出題領域：ペーパーテスト（常識、言語、お話の記憶、数量、図形、推理）、制作、行動観察

入試対策

当校の入学考査の特徴は、ペーパーテストの出題分野が広範囲に及んでいることが挙げられます。また、基礎的な内容が中心となっているため、各分野、基礎・基本となる部分をしっかり学習しておきましょう。また、常識分野など、机上の学習だけではなく、生活から学ぶことも数多く出題されています。社会のルールやマナーから、ふだん目にする自然・生きものまで、機会を逃さず知識を身に付けるよう指導してください。

●ペーパーテストは、幅広い範囲から出題されますが、出題傾向に変化はみられません。過去問に目を通し、出題分野について理解を深めましょう。

●例年、生活常識を問われる問題が出題されています。日頃から、自分のことをどれだけ自分でしているか、ご家庭での躾がきちんとなされているかも設問の観点となってます。

●親子面接は、考査日前の指定された日時で実施されます。例年、親子関係や生活習慣などについて質問されています。面接官は願書を深く読み込んでおり、書かれた内容について質問をされることもあります。

●すべての課題に共通しているのは、「聞く力」が問われているという点です。小学校入試だからととらえるだけではなく、生活（特に集団生活）する上でも大切なことを意識することで、自然と知識を修得するくとをお勧めします。

「立命館小学校」について

〈合格のためのアドバイス〉

当校は、小学校から高等学校までの12年間を発達段階に分けた、４・４・４制による教育システムを導入しています。また、「モジュールタイム」「辞書引き学習法」などの教育プログラムを行っています。その点が高評価を得て、志願者を多く集める難関校の１つとなっています。

面接では、出願する際の願書に記入する、志望動機や見学会の印象、家庭での教育方針、学校の教育方針についてなど、比較的一般的な内容が質問されています。願書に記入する内容と面接で聞かれる内容が重なる可能性もありますので、面接で答える際、齟齬のないように注意しましょう。また同時に、記入したこと以外のことも問われても対応できるよう、日頃から教育方針などをお子様と話し合っておく必要があります。面接では保護者が質問されている時の、お子様の姿勢も観られています。お子様とも、学習や面接をすることについて、掘り下げた話し合いをするよう心がけてください。

ペーパーテストは幅広い分野から出題されます。「聞く力」、「理解力」、「思考力」が求められています。説明されたことの意図をすばやく理解し、適切な行動に移せるようになることを目標に、日々の学習を進めてください。そのためには、机上の学習で得た知識を体験・映像資料などで補強することと、考えて行動することを心がけてください。

〈2024年度選考〉

◆ペーパーテスト
◆制作
◆行動観察
◆保護者・志願者面接（考査日前に実施）

◇過去の応募状況

2024年度　非公表
2023年度　非公表
2022年度　非公表

入試のチェックポイント

◇受験番号は…「生年月日順」
◇生まれ月の考慮…「あり」

〈本書掲載分以外の過去問題〉

◆常識：子どもの行動に対してよいアドバイスをしている人を○で囲む。［2022年度］
◆記憶：見た絵の中にあったものを○で囲む。［2022年度］
◆図形：点線で折った時、左の形がぴったり重なるように、右に形を描く。［2021年度］
◆常識：同じ季節のものを選んで、線でつなぐ。［2020年度］
◆推理：３つのヒントに当てはまる動物を選んで○をつける。［2020年度］
◆数量：積み木の数を数えて、その数だけ○を書く。［2020年度］
◆常識：大きくなったら何になるか、選んで○をつける。［2019年度］
◆推理：シーソーが釣り合うには、イチゴを何個載せればいいか。［2019年度］

洛南高等学校附属小学校
立命館小学校
過去問題集

〈はじめに〉

　現在、少子化が叫ばれているにもかかわらず、私立・国立小学校の入学試験には一定の応募者があります。入試は、ただやみくもに学習するだけでは成果を得ることはできません。志望校の過去における出題傾向を研究・把握した上で、練習を進めていくこと、試験までに志願者の不得意分野を克服していくことが必須条件です。そこで、本問題集は小学校を受験される方々に、志望校の出題傾向をより詳しく知って頂くために、出題頻度の高い問題を結集いたしました。最新のデータを含む精選された過去問題集で実力をお付けください。

　また、志望校の選択には弊社発行の**「2025年度版　近畿圏・愛知県　国立・私立小学校　進学のてびき」**をぜひ参考になさってください。

〈本書ご使用方法〉

◆出題者は出題前に一度問題を通読し、出題内容などを把握した上で、〈**準　備**〉の欄に表記してあるものを用意してから始めてください。

◆お子様に絵の頁を渡し、出題者が問題文を読む形式で出題してください。問題を読んだ後で、絵の頁を渡す問題もありますのでご注意ください。

◆**「分野」**は、問題の分野を表しています。弊社の問題集の分野に対応していますので、復習の際の目安にお役立てください。

◆一部の描画や工作、常識等の問題については、解答が省略されているものがあります。お子様の答えが成り立つか、出題者が各自でご判断ください。

◆〈**時　間**〉につきましては、目安とお考えください。

◆**［○年度］**は、問題の出題年度です。**［2024年度］**は、「2023年の秋から冬にかけて行われた2024年度入学志望者向けの考査で出題された問題」という意味です。

◆**学習のポイント**は、指導の際にご参考にしてください。

◆**【おすすめ問題集】**は各問題の基礎力養成や実力アップにお役立てください。

〈本書ご使用にあたっての注意点〉

◆文中に**この問題の絵は縦に使用してください。**と記載してある問題の絵は縦にしてお使いください。

◆〈**準　備**〉の欄で、クレヨンと表記してある場合は12色程度のものを、画用紙と表記してある場合は白い画用紙をご用意ください。

◆文中に**この問題の絵はありません。**と記載してある問題には絵の頁がありませんので、ご注意ください。なお、問題の絵の右上にある番号が連番でなくても、中央下の頁番号が連番の場合は落丁ではありません。

　下記一覧表の●が付いている問題は絵がありません。

問題1	問題2	問題3	問題4	問題5	問題6	問題7	問題8	問題9	問題10	問題11
問題12	問題13	問題14	問題15	問題16	問題17	問題18	問題19	問題20	問題21	問題22
							●	●		
問題23	問題24	問題25	問題26	問題27	問題28	問題29	問題30	問題31	問題32	問題33
問題34	問題35	問題36	問題37	問題38	問題39	問題40	問題41	問題42	問題43	問題44
					●		●			
問題45	問題46	問題47	問題48	問題49	問題50	問題51	問題52	問題53	問題54	問題55
									●	●

(得) 先輩ママたちの声！

◆実際に受験をされた方からのアドバイスです。
ぜひ参考にしてください。

洛南高等学校附属小学校

・試験当日、保護者に作文が出されましたが、課題が難しく、時間内に考えをまとめるのは大変でした。ふだんから子どもの教育について、しっかり考えて書き留めておいた方がよいと思います。

・保護者面接には、「なぜ洛南高等学校附属小学校に入学させたいか」というテーマの作文（300字程度）を持参します。事前に学校について調べ、教育方針や一貫教育についてきちんと理解している家庭を求めているのだと感じました。

・きちんと勉強させたつもりでしたが、それでも子どもは「難しかった」と言っていました。試験対策はしっかりとっておいた方がよさそうです。

・ペーパーテストの表紙には、名前の記入欄が４箇所あり、「ひらがな、カタカナ、漢字、英語で書けるところだけ記入してください。１つでも４つでも構いません」という指示があったそうです。

立命館小学校

・親子の関係や家庭での教育理念を具体的に聞かれました。試験対策としてだけでなく、早い段階から子育てに対する話し合いや取り組みをしていて、本当によかったと思いました。

・考査は待ち時間を含めると長時間に及びます。模試に参加したり、面接のシミュレーションをするなど、最後まで集中して取り組むことができるようにする対策がだと思いました。

・試験の分野が幅広いので、子どもがもっと興味を持ってくれるように、いろいろなことを体験させ、学習に結び付けるということを、もっと早い段階からすればよかったと思いました。

〈洛南高等学校附属小学校〉

※問題を始める前に、本書冒頭の「本書ご使用方法」「本書ご使用にあたっての注意点」をご覧ください。
※本校の考査は鉛筆を使用します。間違えた場合は×で訂正し、正しい答えを書くよう指導してください。

保護者の方は、別紙の「家庭学習ガイド」「合格ためのアドバイス」を先にお読みください。
当校の対策および学習を進めていく上で役立つ内容です。ぜひご覧ください。

2024年度の最新問題

問題1　分野：記憶（お話の記憶）

〈準 備〉　鉛筆、消しゴム

〈問 題〉　お話をよく聞いて、後の質問に答えてください。

美しい森の中に、小さなリスが住んでいました。このリスはとても元気で、木の実を探しに森へ行くのが大好きでした。山はおいしい木の実でいっぱいです。リスはいつも新しい冒険に胸をはずませながら森へと向かいます。ある日、リスは森を歩きながら、たくさんのドングリやクリ、クルミを見つけました。太陽の光が差し込む中、リスはかわいらしい小さな手で、ドングリを６個、クリを８個、クルミを３個拾いました。しかし、木の実を拾っている途中、リスの前に突然大きなクマ現れました。クマは、大きくてふさふさの毛をした力の強い動物です。そのクマがリスに向かって「おーい」と声を掛けました。リスは、突然、現れたクマにびっくりして、怖くなって逃げだしました。リスは慌てて森を出て、小川のそばを通り、古びた木の橋を渡りました。橋を渡ると、リスは左に曲がってすぐにあるお友達のキツネの家まで走りました。キツネの家に着いたリスは、植木鉢の後ろに隠れました。しかし、クマはどんどん近づいてきました。リスの胸はドキドキと高鳴り、びくびくしていました。しかし、幸運なことにキツネがリスの隠れていることに気がつき、優しく声を掛けました。クマがキツネの友達であることを話してくれたのでリスは安心しました。キツネが、タヌキとクマと一緒に木の実を採りに行くことも教えてくれました。
リスはほっと胸をなでおろしました。リス、クマ、キツネは仲良くなり一緒に木の実採りの冒険に出かけました。彼らは森の中でおいしい木の実を見つけ、お互いを助け合いながら集めました。友情と協力の大切さを学び、それから楽しい日々を共に過ごしました。友だちになった仲間たちは、たくさんの冒険をしました。彼らは山や森の奥深くへと足を踏み入れ、さらなる不思議な出来事やお友達との出会いを楽しみました。

（問題１の絵を渡す）
①クマとキツネがよく一緒に木の実を取りに行く動物に○を付けてください。
②このお話の季節と関係のある絵に○を付けてください。
③リスはドングリをいくつ拾いましたか。その数だけ○を書いてください。
④リスが拾ってないものに○を付けてください。
⑤リスはどこに隠れましたか。その絵を○で囲んでください。
⑥隠れているときのリスの顔を○で囲んでください。
⑦キツネの家を○で囲んでください。

〈時 間〉　各20秒

〈解 答〉　下図参照

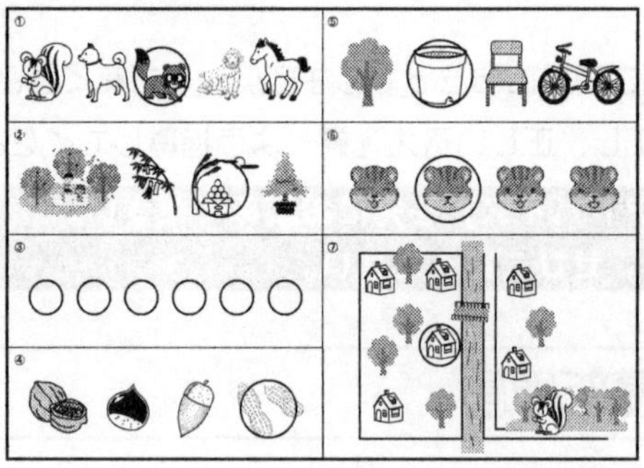

アドバイス

お話の記憶は、読み聞かせの量にも比例するといわれています。特に、長くて登場人物の多いお話はきちんと整理しながら聞かないと、収拾がつかなくなってしまいます。長いお話の記憶の問題が苦手なお子様の対策としては、はじめはゆっくり抑揚をつけて読み聞かせをしながら、所々でどんな動物が出て来たか、その動物はどうしようとしているか、周りの景色はどうだったかなど、お子様の記憶に残りやすいような工夫をしながら読み聞かせをしていきます。慣れてきたら、読むスピードをやや早めるなど、より入試に近い読み方で練習を行っていきましょう。問題量を増やすことだけでなく、ふだんから読み聞かせを取り入れることをおすすめいたします。

【おすすめ問題集】

Jr.ウォッチャー19「お話の記憶」、27「理科」、31「推理」、34「季節」、
Jr.ウォッチャー、読み聞かせお話集①・②、
お話の記憶 初級編・中級編・上級編、苦手克服問題集 記憶、
NEWウォッチャーズ国立・私立記憶①・②、基礎力アップ①「記憶」

問題2　分野：見る記憶

〈準　備〉　鉛筆、消しゴム

〈問　題〉　（問題２－１の絵を渡す）
絵をしっかりと観て記憶してください。10秒経ったら、問題２－１を回収し、問題２－２を渡す。
・どら焼きのあった場所に○を書いてください。

〈時　間〉　15秒

〈解　答〉　上から2段目真ん中と右端、下の段左端

アドバイス

位置の記憶はまず、映像として全体図を記憶しましょう。それぞれの位置を正確に記憶するには、日々の練習が大切です。初めのうちは少ないものから行い、記憶するものを徐々に増やしていきます。また、本問は絵を観る時間が10秒で設定されていますが、この時間を十分に時間を与えて行い、次第に短くしていく方法も有効です。いずれにしても、位置の記憶に関する問題は、知識を問う内容ではありませんから楽しみながら行ってください。記憶系の力は一朝一夕には身につきません。毎日の学習により、少しずつ力がついてきますので、焦らず、コツコツと取り組んでください。様々なものを使い工夫をしながら楽しみながら学習していくことが大切です。

【おすすめ問題集】
Jr.ウォッチャー20「見る記憶」、お話の記憶「初級編・中級編・上級編」、
苦手克服問題集 記憶、ＮＥＷウォッチャーズ国立・私立「記憶①②」

問題3　分野：数量（数える）

〈準　備〉　鉛筆、消しゴム

〈問　題〉　（問題３の絵を渡す）
絵を見てください。
①救急車は何台ありますか。右側にその数だけ○を描いてください。
②パイナップルがあります。そこにミカンを加えて12個にします。ミカンはいくつ加えればよいでしょうか。右側にその数だけ○を描いてください。
③△は○より３つ多くあります。○はいくつありますか。四角の中にその数だけ○を描いてください。
④クッキーを３人で同じ数ずつ分けると、何個余りますか。その数だけ○で囲んでください。
⑤クッキーを４人で分けると１人分は何個になりますか。その数だけ○で囲んでください。

〈時　間〉　各15秒

〈解　答〉　①：７　②：５　③：３　④：１　⑤：３

アドバイス

数に関する問題ですが、結果からすると全問正解して欲しい問題の一つです。問題の絵に少し変化は見られますが、大きく変化をしてる訳ではありませんから、落ち着いて取り組めば難しくはありません。ポイントとして、３問目の問題を挙げさせていただきます。この問題は回答欄が真ん中付近にあり、あまり見かけない出題方法の問題です。このような場合、お子さまは、「初見の問題＝難易度が高い」と身構えてしまうことがよくあります。入試の場合、その緊張が後に影響を及ぼすことがあります。ですから、この問題を解く際、お子さまがすんなり解けたか、戸惑いを見せたかを保護者の方はしっかりと観察しておいてください。そのときの状況を把握し、これからの学習に取り入れて行かれることをおすすめします。数に関することは日常生活を通して体験量を積むように意識をしてください。取り分けるとき、配るとき、その数をずばりいうのではなく、お子さまに考えさせるような言葉掛けを行い、実践させましょう。作業が終わったとき、正しかったか否かは自ずと分かります。そうした体験を通して数の操作を習得することで、問題への取り組みもスピード、生活性ともに上がってきます。

【おすすめ問題集】

Jr.ウォッチャー14「数える」、38「たし算・ひき算1」、39「たし算・ひき算2」、40「数を分ける」、41「数の構成」、42「1対多の対応」

問題4　分野：広さの比較・生活常識

〈準備〉　鉛筆、消しゴム

〈問題〉　①左側を見てください。この中で黒いところが１番広い形はどれでしょうか。
　その形に○を付けてください。
②破れた紙をくっつけるものに○を付けてください。
③何枚かの紙を１つにまとめることができないものに○を付けてください。
④仲間でないものを１つ見つけて○を付けてください。
⑤仲間でないものを１つ見つけて○を付けてください。

〈時間〉　①30秒、②～⑤10秒

〈解答〉　①右下　②右から2番目　③右端　④右から２番目　⑤右から2番目

アドバイス

左のようなマス目が描いてある面積の比較の問題は、斜め線を含んだ形の処理が問題を解くポイントなります。とはいうものの、頭で考えてできるお子さまはほとんどいません。斜線を含む形の扱いについては、問題のコピーを取り、実際に線に沿って形を切り、操作して当てはめる操作をすることが肝要です。具体物の操作を行えば、頭の中でも形を操作することができるようになります。この基礎をしっかりと修得しましょう。
右側の問題は特に難しい内容はありませんが、できるお子さまとそうでないお子さまが分かれる問題だと思います。その理由は問題にあるのではなく、問題文にあります。問題文をよく見ると、言い回しが少しややこしくなっています。この言い回しを正しく聞き取らないと、解答を間違えてしまいます。近年、集中力、聞く力が落ちていると言われており、この力は入学後の学力にも直結することから、学校側も重視している観点の一つのあげられています。日常生活を通して最後までしっかりと話を聞く癖を身につけましょう。

【おすすめ問題集】
　Jr.ウォッチャー11「いろいろな仲間」、15「比較1」、58「比較2」、
　ＮＥＷウォッチャーズ国立・私立「常識①②」、苦手克服問題集 常識

家庭学習のコツ①　「先輩ママの声」を読みましょう！

本書冒頭の「先輩ママの声」には、実際に試験を経験された方の貴重なお話が掲載されています。対策学習への取り組み方だけでなく、試験場の雰囲気や会場での過ごし方、お子様の健康管理、家庭学習の方法など、さまざまなことがらについてのアドバイスもあります。先輩ママの体験談、アドバイスに学び、ステップアップを図りましょう！

問題5　分野：常識・聞き取り

〈準備〉　鉛筆、消しゴム

〈問題〉　①難しい勉強をしている子どもがいます。それぞれ次のようなことを言いました。正しい言葉かけをしている人に○を付けてください。

・男の子は、この問題は簡単だったね。と言いました。
・女の子は、どこが分からないの。一緒に考えようよ。と言いました。
・おじいさんは、そんなことよりお外で遊ぼうよ。と言いました。
・おばあさんは、いつまでかんがえているの。と言いました

②かけっこで1番になった子どもがいます。それぞれ次のようなことを言いました。正しい言葉かけをしている人に○を付けてください。

・男の子は、すごいね、足が速いね。と言いました。
・女の子は、なんでそんな顔をしているの。と言いました。
・おじいさんは、あの子に１番になってほしかったな。と言いました。
・おばあさんは、早く走りだしたからずるいよ。と言いました。

③今から話すことを正しく描いてある絵に○を付けてください。

・ご飯は左の手前に、スープは右の手前に置きました。ハンバーグは左の奥に、ポテトサラダは右の奥に置きました。ジュースは真ん中に置きました。

〈時間〉　各15秒

〈解答〉　①左から２番目（女の子）　②左端（男の子）　③右上

アドバイス

保護者の方が問題を見ると、難易度も低く、我が子ならできると思われる方が多いと思いますが、このような問題が落とし穴になり得る問題といえます。その理由ですが、この年、受験したお子さまは、幼稚園年少時に新型コロナウイルスが蔓延しました。ですから園での各行事が自粛されたり、中止され、経験不足と言わざるを得ません。そのことは園生活に限らず、日常生活においても経験不足は否めませんでした。そのため、保護者の方が簡単だと思われること、特に生活体験の影響を受けやすいことが身についていないお子さまが多く存在します。そのことは当校に限らず、各校の行動観察でも如実に表れています。常識に関する問題での差が付きやすい状況は、コロナ禍の家庭生活の過ごし方によって変わります。その点を踏まえて、他者と関わることなどを積極的に取り入れることをおすすめ致します。お子さまはまだ幼く、口頭で説明しても直ぐに忘れてしまいます。先ずは行動を取り入れ、行動が伴うようになってくれば、ペーパーでの学習もすんなりと進んでいきます。慌てず、じっくりと取り組みましょう。

【おすすめ問題集】

Jr.ウォッチャー56「マナーとルール」、新口頭試問ペーパーレス

問題6　分野：ブラックボックス・回転図形

〈準 備〉　鉛筆、消しゴム

〈問 題〉　①左側の絵の1番上を見てください。左の「カサ」と「イシ」が箱を通ると「サイ」と「シカ」になって出てきます。下の絵で「★」には何が入るでしょうか。下から選んで○を付けてください。
②右の絵を見てください。左側の絵をが回転させたときどのようになるでしょうか。右から正しい絵を探して○を付けてください。

〈時 間〉　各15秒

〈解 答〉　①：上段-すいか、下段：動物園　②：上段-左、中段：真ん中、下段-左下

アドバイス

ブラックボックスに関する問題は、まずどのようなお約束になっているのかを理解するのがポイントです。一見すると、しりとりのようにも見えますが、一つの可能性に思い込んでしまわず、他にどのような法則があるのかを考えましょう。このような問題は過去にあまり見られませんが、今後、高い頻度で出題されていくことも考えられますので、しっかり対策しておくことをお勧めします。一方、回転図形に関する問題は毎年のように出題されています。回転図形に関する問題は、回転したときの向きと位置の関係を正しく把握できているかが重要です。ですから、最初はマスの数を少なくし、三角形（頂点の向きの把握に最適）を一つ描いて、回転すると向きがどのように変化するのかをしっかりと理解させます。複数の形の把握では、４マスの右上に○、右下に三角を描きます。頂点が三角形を指し示すように描いて回転させることで、複数の形の変化を把握することができます。

【おすすめ問題集】
Jr.ウォッチャー5「回転展開」、46「回転図形」

問題7　分野：模写・位置

〈準備〉　鉛筆、消しゴム

〈問題〉　①上の段を見てください。上の形と同じように下の絵に線を引いてください。
②下の段を見てください。5匹の動物が★を先頭にして並んでいます。アシカは前から何番目に並んでいるでしょう。下の四角にアシカの並んでいる場所に○を書いてください。

〈時間〉　各15秒

〈解答〉　①下図参照　②左から2番目

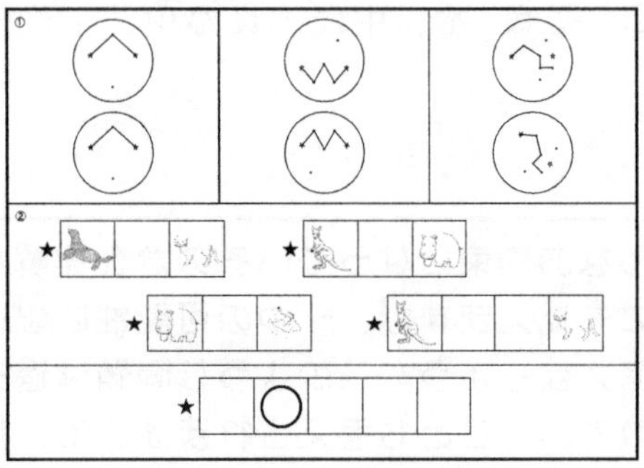

アドバイス

描き写す線自体は単純なものばかりのため、難しくはありません。しかし、この問題は単なる模写の問題ではなく、回転の要素が加わっています。そのため、位置関係の把握を、正確に素早くできなければ、難しい問題となってしまいます。しかも形が円形となっていることがお子さまの位置関係の把握をより難しくしています。焦らず、落ち着いて取り組みましょう。下の問題は、順番に考えていけば並んでいる順番を定めることができます。カバを中心に見ると、カバの両側は空白ですが、両端がカンガルーとラッコということが分かります。あとは、次にアシカとラッコの位置関係を見ると真ん中が空いています。先ほどの空白の位置関係から、アシカとネコの間にはカバが入ることが分かります。これだけで5匹の動物の並んでいる順番を見つけることができます。お子さまに指導する際、ヒントを与えるのではなく、じっくり考えさせてください。数をこなしていくことで発見の方法が見つけることができます。まずは、動物の数を減らした状態から少しずつ増やしてください。

【おすすめ問題集】
Jr.ウォッチャー1「点図形」、5「回転・展開」、6「系列」、51「運筆①」、52「運筆②」

家庭学習のコツ②　「家庭学習ガイド」はママの味方！

問題演習を始める前に、試験の概要をまとめた「家庭学習ガイド（本書カラーページに掲載）」を読みましょう。「家庭学習ガイド」には、応募者数や試験課目の詳細のほか、学習を進める上で重要な情報が掲載されています。それらの情報で入試の傾向をつかみ、学習の方針を立ててから、対策学習を始めてください。

問題8　分野：重ね図形・推理

〈準　備〉　鉛筆、消しゴム

〈問　題〉　①左側の絵を見てください。下の四角に描いてある物を重ねて描いたのが、上に描いてあります。この絵で使わなかったものを下の四角から探して○を付けてください。下も同じようにやってください。
②右の絵を見てください。積み木の●の印が描いてある場所からまっすぐに棒を刺すと穴が開く積み木は全部で何個になるでしょうか。右の四角にその数だけ○を書きましょう。下も同じようにやってください。

〈時　間〉　各40秒

〈解　答〉　左上：セロハンテープ、左下：カスタネット、右上：８、右下：10

アドバイス

このような複数のものが重なった順番を問う問題は、はみ出してる部分に着眼し、それぞれの形の特徴を把握し、元の形と一致する所を探していきます。問題としては特徴を掴みやすい物ばかりですから、この問題は正解率が高い問題だと思います。当校の場合、このような難易度の低い問題は取りこぼしをせず、確実に正解できるようにしておきましょう。
右の形は縦３つ、横３つが３段の形ですが、一見すると、棒を刺した数の３倍が解答と考えてしまうしょう。しかし実際に棒を刺すと、同じ四角に２箇所から棒が刺さるものが存在します。その四角を重複してカウントすることはできませんから、その分を引かなければなりません。しかし、このような理論的なことをお子さまに対して口頭で説明してもなかなか難しいと思います。その場合、粘土を利用して実際に四角を積み重ねて、串を刺してみましょう。そうすることで２箇所、串が刺さっているものがあることが分かると思います。

【おすすめ問題集】
Jr.ウォッチャー35「重ね図形」、NEWウォッチャー「推理」、苦手克服問題集 推理

問題9　分野：間違い探し

〈準 備〉　鉛筆、消しゴム

〈問 題〉　①左側の絵を見てください。上の絵と下の絵で違うところを3つ見つけて、上の絵に○を付けてください。
②右側の絵を見てください。右と左の絵で違うところを2つ見つけて、左の絵に○を付けてください。

〈時 間〉　各20秒

〈解 答〉　下図参照

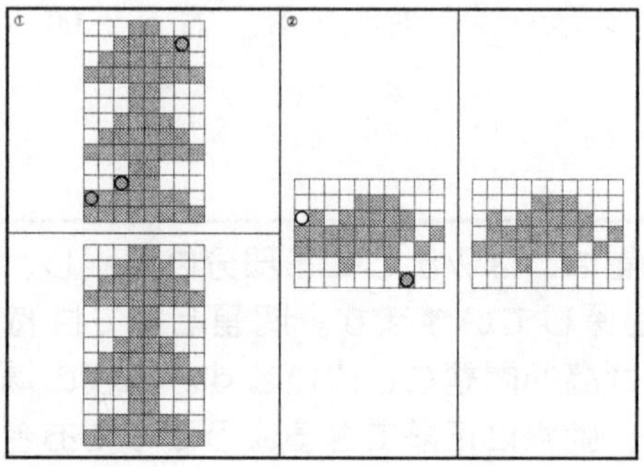

アドバイス

お子さまがこの問題を解く際、どのように比較をしたでしょうか。保護者の方はこの解き方、チェックの方法をしっかりと観察してください。チェックのポイントですが、観察するときの方向、比較の方法などです。小学校受験の学習では、問題を解くときに必要な力、方法などが、分野をまたいで活用できることが数多くあり、この問題もその一つになります。そのことを保護者の方が理解しているだけでも、お子さまの力を飛躍的にアップします。この問題では、比較する際、縦にしてたのか、横にしたのかを把握してください。比較の方向はどちらでも構いませんが、2問とも同じ方向性で行っていたのかがポイントです。この比較する時の方向は数を数える時なども常に同じ方向で行うように癖をつけます。そうすることで安定して物を見たり数えたりすることができ、イージーミスを回避することができます。このように別の問題にも応用が利くことは他にもありますので、解き方だけに執着するのではなく、理解することに着眼することをお勧めします。

【おすすめ問題集】

Jr.ウォッチャー4「同図形探し」

問題10　分野：迷路

〈準　備〉　鉛筆、消しゴム

〈問　題〉　①上の段を見てください。白い矢印から○→△→□→☆の順に進むとどの虫に着きますか。その虫に○を付けてください。縦と横には進めますが、斜めや同じところは進めません。
②左に立っている人が家まで行きます。持っている金づちの数だけ石を壊して通ることができます。壊した石に○を付けてください。同じ道は通れません。

〈時　間〉　各20秒

〈解　答〉　下図参照

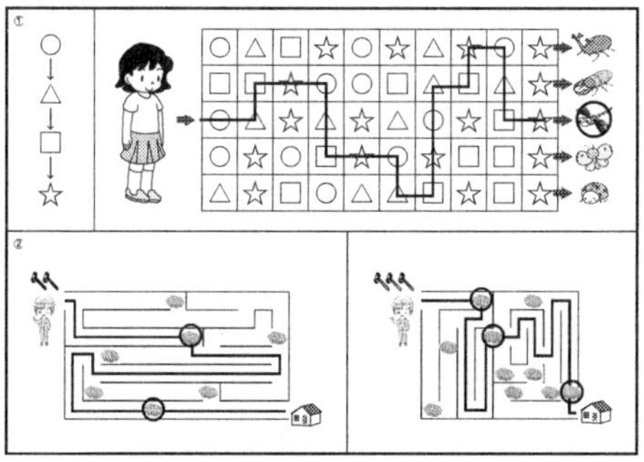

アドバイス

迷路の問題を解く時には、「考えながら線を引く」のではなく、「考える」と「線を引く」を分けて行うことが大切です。その理由ですが、間違えて線を引いたとき、訂正が多くなると解答用紙が汚れてわかりにくくなるからです。それを回避するために、まずは指でなぞりながらゴールまでの道筋を確認します。その後で線を引いていきます。ただ、これは実際の試験での取り組み方です。初めのうちは試行錯誤しながら線を引いていく形でも問題ありません。考えながら線を引くことで、お子様がどのように考えているのかが保護者の方にもわかります。正解・不正解だけでなく、どういうところでつまずきやすいのか保護者の方が理解すれば、お子様がこれからどんな学習をすればよいかもわかってきます。迷路の問題は楽しく取り組んでください。楽しく取り組むことで柔軟な思考を活用することができます。

【おすすめ問題集】
Jr.ウォッチャー7「迷路」

家庭学習のコツ③　効果的な学習方法～問題集を通読する

過去問題集を始めるにあたり、いきなり問題に取り組んではいませんか？　それでは本書を有効活用しているとは言えません。まず、保護者の方が、すべてを一通り読み、当校の傾向、ポイント、問題のアドバイスを頭に入れてください。そうすることにより、保護者の方の指導力がアップします。また、日常生活のさまざまなことから、保護者の方自身が「作問」することができるようになっていきます。

問題11　分野：図形（構成）

〈準備〉　鉛筆、消しゴム

〈問題〉　1番上の△を見てください。この△が下の形にはいくつ入りますか。その数だけ右に○を書いてください。

〈時間〉　30秒

〈解答〉　上から：4、8、12

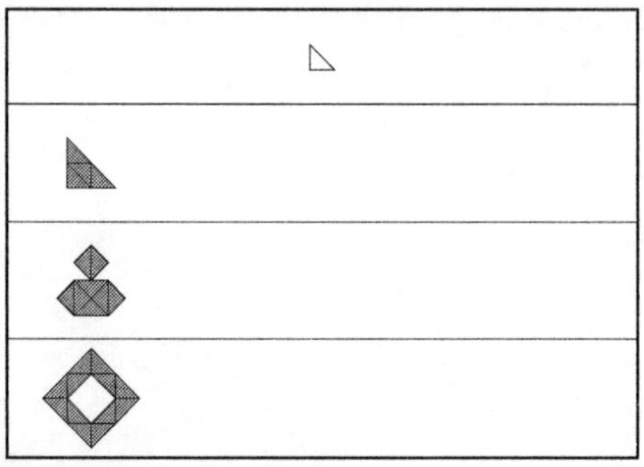

アドバイス

問われているのは、三角形が入るかという単純なものです。ただ、三角形を回転して組み合わせる箇所が多く、本問は難易度が高くなっています。三角形を2つ組み合わせると四角形になることはすぐに分かると思います。また、4つ組み合わせるとさらに大きな四角形になります。こうした法則を理解できれば、やがて1番下の問題も解けるようになります。また、こうした問題が苦手なお子様には保護者の方が補助線を引いて三角形がをどう組み合わせればよいか一緒に考えてみるのもよいでしょう。なかなか理解が進まない場合、問題を切り実際に操作することをお勧め致します。図形の問題は頭の中で図形を操作することが求められます。ですから、実際の操作経験が乏しいと、なかなか頭の中での操作が上手くいきません。

【おすすめ問題集】
Jr.ウォッチャー3「パズル」、45「図形の分割」、54「図形の構成」、
NEWウォッチャー「図形」、苦手克服問題集 図形

問題12　分野：図形（重ね図形）

〈準備〉　鉛筆、消しゴム

〈問題〉　1番上の3枚の紙を、下の左側のように重ねます。この重ねたものを下から見るとどのように見えますか。右側から探して○を付けてください。

〈時間〉　20秒

〈解答〉　①右端　②左から2番目

アドバイス

重ね図形は、３つの形を重ねた後の形をイメージする必要があります。重ねた形をイメージするといっても、お子様にとって簡単にできるものではありません。その前段階として、イメージするのではなく実際に目に見える形で重ねてみせてあげましょう。折り紙などで図の３つの形を作って重ねてみます。この際、分かりやすいように３色の折り紙を使用するとよいでしょう。このように、実際にやってみると違いがはっきり分かります。具体物を使用した学習は、ペーパー以前の学習としてだけでなく、ペーパー学習の理解を深めることにも役立ちますから、ペーパー学習と並行して行っていくことをおすすめします。折り紙を切る作業をお子様にさせると、工作巧緻性の学習にも役立ちます。もちろん、ごみの片づけ、刃物の正しい使い方なども同時に学ぶことができます。

【おすすめ問題集】

Jr.ウォッチャー31「推理思考」、35「重ね図形」、NEWウォッチャー「図形」、
苦手克服問題集 図形

問題13　分野：数量（見えない数）

〈準 備〉　鉛筆、消しゴム

〈問 題〉　１番上のようにイヌが並んでいますが、途中何匹かが草むらで隠れて見えません。
①イヌが左向きに並んでいます。ポチは前から３番目で、後ろから６番目です。ポチに○を付けてください。
②見えてないイヌの数だけ下の四角に○を書いてください。

〈時 間〉　15秒

〈解 答〉　①前から3番目　②：４

アドバイス

「見えない数」の問題です。とはいえ、ポチは前から３番目とありますので、ポチがどのイヌかはすぐに分かります。次の「見えていないイヌ」の数は、１番後ろに１匹描かれていますので、あと何匹足せばよいかということになります。保護者から見れば、足し算で簡単に導き出せることがすぐに分かります。しかしお子様には数字ではなく、一つずつ○を増やしていき、いくつ○を入れればポチが６匹目になるかやってみるとよいでしょう。このように図で理解することが本問のような問題ではまずは重要になります。慣れてくれば、記号を用いなくても解けるようになりますし、解くスピードも上がってきます。ここで大切なのは、場所を示すときの１番目と、移動するときの１つ目が違うことを理解しましょう。

【おすすめ問題集】

Jr.ウォッチャー31「推理思考」、44「見えない数」、
NEWウォッチャー「数量」、苦手克服問題集 数量

問題14　分野：数量（数のやりとり）

〈準備〉　鉛筆、消しゴム

〈問題〉　上の絵を見てください。見本のように動物とドングリ、パイナップルを交換することができます。
①左の動物はドングリ何個分になりますか。その数だけ右に○を書いてください。
②左の動物はパイナップル何個分になりますか。その数だけ右に○を書いてください。
③左の動物はパイナップル何個分になりますか。その数だけ右に○を書いてください。

〈時間〉　15秒

〈解答〉　①：5　②：6　③：2

アドバイス

数のやりとりの問題は、上の見本をしっかりと理解することから始まります。ものの交換、やりとりなどは、おはじきなどの具体物を用いて行うことが効果的であるとよく言われています。このように交換する物が複数存在するときは、大きさの違うものをその数だけ用意して行うことより理解しやすくなるのでお勧めです。その理由は、ドングリとパイナップルを交換する際、同じおはじきだと混乱する可能性があるからです。このようにちょっと工夫をすること、混乱を回避しながら理解度を上げることができます。具体物を操作していると、数えるスピードも上がりますし、見た瞬間に多少の違いは把握できるようになります。保護者の方は、学習をしていると、先を急ぎたくなりますが、今のうちにしっかりと数の概念を修得させてください。入学後の学習でも基礎の修得は重要となります。子どもは、何か新しいことを修得できると、更に頑張りたいと前向きな気持ちになります。そのように学習にポジティブになれたら嬉しいと思いませんか。自身を身につけさせるためにも、基礎をしっかり修得してください。

【おすすめ問題集】
Jr.ウォッチャー14「数える」、38「たし算・ひき算1」、
39「たし算・引き算」、40「数を分ける」、43「数のやりとり」、
NEWウォッチャー「数量」、苦手克服問題集 数量

問題15　分野：推理

〈準備〉　鉛筆、消しゴム

〈問題〉　上の絵を見てください。同じ形を3個以上くっつけると消すことができます。また、隣同士のマスは入れ替えることができます。上の絵では、太い線で囲んだ☆と○を入れ替えると、○3個と☆3個が消えて、□と▼が残ります。
では、下の絵を見てください。隣同士の2個の形を入れ替えると、全部の形が消える場所はどこですか。○で囲んでください。

〈時間〉　30秒

〈解答〉　下図参照

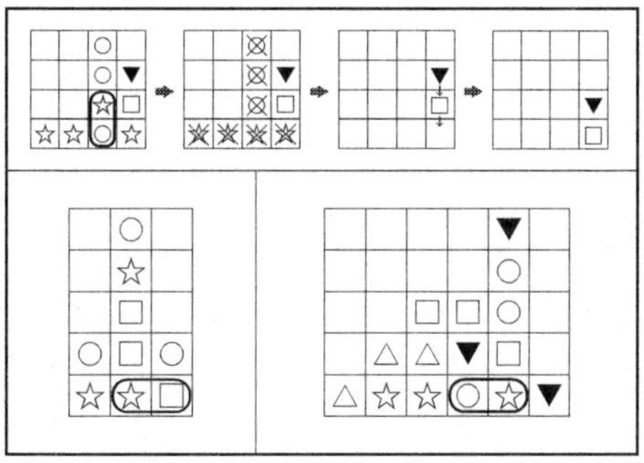

アドバイス

本問はパズルゲームの問題です。このような問題は頭で考えるのではなく、積み木を利用して実際にやってみると理解しやすいです。まず、説明を聞いて理解できたか確認をしましょう。入試では、例題のある問題もあれば、例題がない問題もあります。基本は説明を1回聞いただけで理解できるようにしましょう。この問題は、まず、3つくっつく場所が何処にあるのかを考えます。しかも、○で囲むマスは隣接したマスが入れ替わります。その点に着眼すれば、○で囲む場所が分かると思います。次に、○で囲んだマスの記号を入れ替えたら3つくっつくマスができるかを検証していきます。3つ並んだら消しますが、すると形が移動します。この移動のイメージですは平面だと理解しにくいと思います。右の問題では、下段の○と☆を入れ替えると、☆が3つ揃い消えます。すると、△と□が3つそろいますから、この2つも消えます。このように頭の中でそうだできるようにしましょう。

【おすすめ問題集】
Jr.ウォッチャー31「推理思考」

問題16　分野：推理（数のやりとり）

〈準備〉　鉛筆、消しゴム

〈問題〉　ビスケットが矢印の方向へ進んでいきます。左上のように★の数だけビスケットは進み、残りは★の無い矢印の方へ進みます。右上のようにビスケットの数と★の数が同じであるときや★の数の方が多いときは★の矢印の方へ進みます。
では、下の絵を見てください。それぞれヒツジが食べられるビスケットの数だけ四角に○を書きましょう。

〈時間〉　20秒

〈解答〉　左○：2　右○：6

アドバイス

数の操作の問題で、途中で右と左に枝分かれしています。やや複雑に見えますが、数そのものは多くありませんので、まず★の矢印の方を数え、次に反対の方角と一つひとつ順序立てて考えていけばそう難しくありません。本校では、こうした数の問題が例年出題されます。ときには30弱の数が出題されることもあります。また当校の入試では、問題を解く前に、練習問題をして説明をするときがあります。このような場合、説明をしっかりと聞くことで、解き方はわかります。ですから、今から慌てることはありません。この問題を解くには、数の操作だけではなく、話をしっかりと聞き、理解し、言われた通り実践することがポイントとなります。そして、実践する際には、数の操作、論理的思考力を用いて対応します。一つひとつを順序立てて行いましょう。あとは、自分の解答を丁寧に、しっかりと書くことです。

【おすすめ問題集】

Jr.ウォッチャー38「たし算・ひき算1」、39「たし算・ひき算2」、
40「数を分ける」、43「数のやりとり」

問題17　分野：図形

〈準 備〉　鉛筆、消しゴム

〈問 題〉　ブロックの隙間を通り抜けることができないものに○を付けてください。

〈時 間〉　15秒

〈解 答〉　①左下　②左下

アドバイス

ブロックや積み木を四方から見る問題は例年出題されています。その中でも本問はやや優しいといえるでしょう。上の問題は隙間が縦に一直線に並んでいますので、形の異なる左下のものだけが通り抜けられないのはすぐに分かります。下の問題はやや難易度が高めで、視点を回転させる必要があります。形が通り抜けるか否かですが、このような問題は実際に積木を積んで行うことができません。しかし、普段から積木を使用した遊びなどをしていると、頭の中で考えることができます。具体物で遊ぶことが学習につながることは他にもあります。また、この問題で求められる力の一つに、観点を変えて考えることができるかということがありますが、こうした観点の転換などは、具体物を使用して遊ぶことによって修得できる力の一つとなります。パズル、トランプ、積木などのアナログの玩具でたくさん遊びましょう。

【おすすめ問題集】
Jr.ウォッチャー54「図形の構成」

問題18　分野：図形（展開図）

〈準 備〉　鉛筆、消しゴム

〈問 題〉　上の段の左側は折り紙の表で右側は裏です。
矢印の通りに折り紙を折っていくとどのような形になるでしょうか。その形に○を付けてください。

〈時 間〉　30秒

〈解 答〉　①左から３番目　②左から３番目　③右から４番目

アドバイス

展開の問題は、言葉で説明しても理解は難しいと思います。見本の折り紙を実際に作って試し、楽しみの中から法則を発見させ、そのときに言葉を添えて説明してあげるとよいでしょう。こうした展開の問題は、保護者の方が答え合わせをするのではなく、お子様自身が実践して、正解を見つけることをおすすめします。答え合わせが済んだら、今度は、展開したとき、残りの選択肢になるには、どのように切ったら良いかを考えてみましょう。できない場合、どうしてできないのかを説明させることで論理的思考力を鍛えることができます。いろいろ試行錯誤し、具体物を操作していれば法則を発見することができるでしょう。また、この問題は選択肢が多く、選択肢の多さに戸惑ってしなうかもしれませんが、このような問題のときこそ、頭の中で折り紙を折り、完成したものと一致するものを選択すれば迷うことはありません。そのためにも自分力で折り紙を完成させられるようにしょましょう。

【おすすめ問題集】

Jr.ウォッチャー5「回転・展開」、NEWウォッチャー「図形」、苦手克服 図形

問題19 分野：運動

〈準 備〉 なし

〈問 題〉 この問題の絵はありません。

1グループ15人で実施

座るときは緑色のテープにつま先を揃えて三角座りをします。呼ばれた人は六角形のテープの中に入ります。次の人は四角のテープの中で立って待ちます。

①線の上をスキップしてください。終わったら元の位置まで歩いて戻ります。

②線の上でケンケンパーをしてください。最初のケンケンを左足で、次のケンケンは右足でします。終わったら元の位置まで歩いて戻ります。

③ケンケンをします。最初は左足で、目印のところで足を右足に入れ替えます。終わったら元の位置まで歩いて戻ります。

④壁の方を見てギャロップをします。テープまで行ったら向きを変えずに壁の方を見てギャロップをして戻ります。

⑤両足で線を交互に跳び越えテープまで行きます。終わったら元の位置まで歩いて戻ります。

⑥グーパー跳びでテープまで行きます。終わったら元の位置まで歩いて戻ります。

〈時 間〉 適宜

〈解 答〉 省略

アドバイス

基本的な動作を集めた内容で、年齢相応の身体能力があれば、特に難しいものはありません。しっかりと指示を聞き、ふざけることなく集中して取り組みましょう。運動テストは、その動作ができればそれで良いという試験ではなく、まじめに取り組んでいるか、指示通り行動できているか、失敗しても諦めずに続けるかなど、お子様の性格や態度を観るための試験でもあります。それらは日常生活において培われる能力・資質ですので、意識してふだんの生活や指導を行うようにしてください。なお、待機中の態度や姿勢も観察されています。待つことも含めての試験であることをお子様に理解させ、おしゃべりをしたり指定の場所を離れたりすることのないように注意してください。

【おすすめ問題集】

Jr.ウォッチャー28「運動」、新運動テスト問題集

問題20　分野：保護者作文

〈準 備〉　原稿用紙（Ｂ４横／600字詰／縦書き）、下書き用紙
※筆記用具は、鉛筆・シャープペンシル・黒のボールペン・青のボールペン。
辞書やスマートフォンの使用は不可。

〈問 題〉　この問題の絵はありません。
時間は１時間ずつ２度、間で１回目の作文の回収と休憩10分、
３つのテーマのうち1つを選択、選択したテーマに〇をつける。

【作文１】
1.「子どもの自己肯定感を高める」ために大切にされてきたことをお書きください。
2.「できるだけ多くの人に、できるだけ多くの幸福を与えるように行動するのが、我々の義務である」という言葉について思うところをお書きください。
3.家庭教育における「SDGs（持続可能な開発目標）」についてお考えをお書きください。

【作文２】
1.「子どもへの期待」を伝えるために、大切にされてきたことをお書きください。
2.「人間は人と自分を比較して優越感を覚えたり、劣等感を抱いたりするもの。でも、自分独自の花を咲かせたらいいんだと気づいた時、人は嬉々として努力するようになる」という言葉について思うところをお書きください。
3.家庭教育における「生きる力」の育み方についてお書きください。

〈時 間〉　各１時間

〈解 答〉　省略

アドバイス

試験当日、お子様が試験を受けている間に、保護者作文の試験が行われます。１時間の試験を２度、10分の休憩をはさんで行われました。使用した原稿用紙と下書き用紙は、試験終了後に回収されます。この課題は、入学後のお子様への教育を一緒に行っていく保護者の方の考えを知るために、開校以来行われているものです。このような作文では、「考えが首尾一貫していること」が大切です。600字程度の作文の場合、一貫した考えを組み立てるための「型」を持てるような練習をしましょう。基本的な型は、①意見（課題に対する答え）、②理由（なぜそう考えるのか）、③体験（考えを補強する具体的な生活体験）、④まとめ（ここまでのまとめとこれから）です。文章を４つに分けて考え、それぞれが①の考えと一致しているか、下書きの段階で確認します。学校の方針を過剰に意識したり、いわゆる「立派な意見」を書こうとして背伸びをしたりせずに、自分の意見を書くようにしましょう。

【おすすめ問題集】

新・小学校受験 願書・アンケート 文例集500

2023年度の過去問題

問題21　分野：運動

〈準 備〉　鉛筆、消しゴム

〈問 題〉　お話をよく聞いて、後の質問に答えてください。
先生が、子どもたちに、「今からロッカーをきれいにしましょう。」と言いました。あまりにも、なおくんのロッカーが汚かったので、先生は、「なおくん、ランドセルの上に体操服と帽子を置いて、ランドセルの右側になわとび、左側に水筒を置いたらいいよ。」と言いました。なおくんのロッカーを見ると、水筒の紐が外に出ていて、ランドセルも開いていて、体操服もロッカーからはみ出ていました。なおくんが、ロッカーを片づけていたら、鉛筆が２本出てきました。なおくんの筆箱には、鉛筆が３本入っていましたが、ロッカーにあった鉛筆も筆箱に入れ直しました。次に、ランドセルをきれいにしていると、ランドセルの中から、太郎くんの帽子が出てきました。太郎くんに帽子を返すと、「ぼく、その帽子をずっと探していたんだ。なんで、なおくんが持ってるの。」とぷんぷん怒り出しました。なおくんは、「太郎くんのロッカーが僕のロッカーの下にあって、僕の帽子と同じものがそこにあったから、名前を見ないで、ランドセルに入れちゃったんだ。」と言いました。太郎くんは、すごく怒っていたので、なおくんは、このことを先生に相談しました。その後、太郎くんと一緒に話をした後、なおくんは、「ごめんね。」と謝り、仲直りをしました。このことで反省したなおくんは、片付けや掃除をしっかりやることにしました。家に帰ったら、お母さんに、お風呂洗いと掃除を頼まれました。お手伝いを一生懸命頑張り、お母さんに褒められました。次の日は、草むしりと皿洗いを頼まれ、段々とお手伝いが楽しくなりました。

（問題21の絵を渡す）
①ロッカーの片付け方で正しいものに○をつけてください。
②なおくんのロッカーのもので、ロッカーの外に出ていたものに○をつけてください。
③ロッカーから出てきた鉛筆の数だけ○を書いてください。
④黒いロッカーは、なおくんのロッカーです。太郎くんのロッカーは、どれですか。○をつけてください。
⑤なおくんが、太郎くんの帽子を返した時の太郎くんの顔に○をつけてください。
⑥お母さんに頼まれたお手伝いではないものに○をつけてください。

〈時 間〉　各15秒

〈解 答〉　①右下　②水筒、体操着　③○２つ
④右から２列目の一番下（なおくんのロッカーの下）　⑤左端
⑥右下（野菜を切る）

アドバイス

この問題は、お子様にとって難しい内容だと思います。と申し上げるのも、このような設問の内容は、お子様が意識しづらいためです。そのような点から、イメージがしにくく、聞く力の差がはっきりと表れる問題といえるでしょう。また、お話の中には位置関係、心情、整理整頓など様々な内容が盛り込まれています。このような問題に対する対応は、読み聞かせをしっかりと行うこと、いろいろなお話の記憶の問題に触れておくことが挙げられます。特にお話の記憶に関する力の伸長は、時間と量が必要です。当校を志望する場合、たくさんの読み聞かせを行い、聞く力、記憶力の強化に努めることをおすすめいたします。また、このお話の記憶の内容は、当校が掲げている考えが表れている内容だと思います。単なるお話の記憶の問題として捉えているのではなく、当校が掲げていることをふまえて捉えることで対策の幅も広がると思います。

【おすすめ問題集】

1話5分の読み聞かせお話集①②、お話の記憶 初級編・中級編、
Jr.ウォッチャー19「お話の記憶」

問題22 分野：図形（間違い探し）

〈準備〉 鉛筆、消しゴム

〈問題〉 右の絵と左の絵の違うところを3つ見つけて、右の絵の方に○をつけてください。

〈時間〉 1分

〈解答〉 下図参照

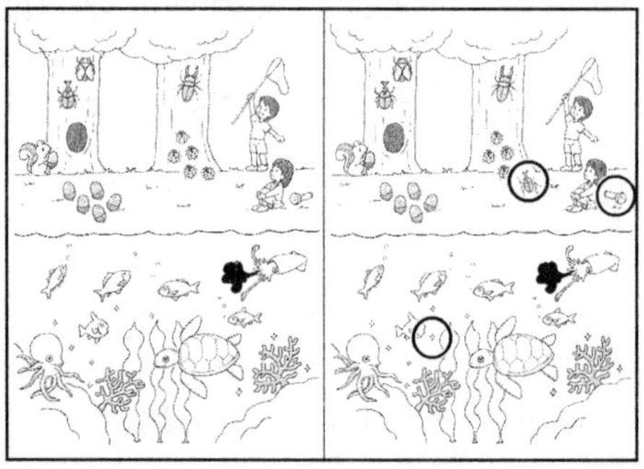

アドバイス

問題を解いた後、お子様にどのようにチェックをしたのか、相違点を見つけるためにどのように観ていったのかを確認しましょう。この絵は地上と水中の２つに分けることができます。更に地上は樹の部分と地面の部分と、分けることができます。大局的に分けたあと、お子様がどの順番で比較をしていったのかを聞いて把握しましょう。この問題に限らず、比較をする問題の代表的な間違えとして、ランダムに観ることでチェックし忘れる場所が出る、効果的に観ていないために時間切れになってしまうことが挙げられます。こうしたミスを減らすために、観る順番を固定化することをおすすめします。観る（比較する）順番を固定化することで、チェックのし忘れを未然に防ぎ、常に慣れた方法で観察することで、時間の短縮につなげます。また、問題をしっかりと聞くことも重要です。この問題は見やすく描かれていますが、違っている箇所は細部に渡っています。お子様の観察力を突く問題といえるでしょう。

【おすすめ問題集】
Jr.ウォッチャー４「同図形探し」

問題23　分野：推理（ブラックボックス）

〈準備〉　鉛筆、消しゴム

〈問題〉　上のお約束を見てください。○・☆・♡ を通ると三角の模様が変わります。この時、途中の四角にはどの印が入りますか。その印を四角の中に描いてください。

〈時間〉　１分

〈解答〉　①○　②♡

アドバイス

一番大切なことは、お約束を見て、どのようなルールで変わっていっているのかを見定めることが重要です。これを正確に理解できていないと、正解を出すことは困難です。この問題の約束は、○印を通ると形が左回転し、♡印を通ると形は右回転します。そして、☆印を通ると白と黒が反転します。これがきちんと理解できていれば、後は順番に形を変えていけばいいだけです。このような問題は数の増減を利用した出題をよく見かけますが、数が変化するのと形が変化する違いであり、根本的な部分では考え方は同じです。このような論理的思考力を必要とする問題を解く場合、落ち着いて取り組むことが大切です。慌てて取り組んだり、別のことを考えながら取り組んだりすると、頭の中が混乱し、訳が分からなくなってしまいます。そうならないためにも落ち着いて取り組むようにしましょう。後は、約束に当てはめて形を変化させていくだけです。考え込んで取り組むよりも楽しんで取り組んだ方が正答率は上がると思います。

【おすすめ問題集】
Jr.ウォッチャー32「ブラックボックス」

問題24　分野：推理思考

〈準備〉　鉛筆、消しゴム

〈問題〉　上の四角を見てください。チョキの次はグー、パーの次はチョキ、グーの次はパーと、次に進む印が書いてあります。
このお約束を守って、下の絵の左上の矢印から右下のゴールまで進んでください。ただし、斜めには進むことができません。また、ゴールまで行ったとき、通らなかったパーの数だけ下の欄に○を書いてください。

〈時間〉　1分

〈解答〉　下図参照

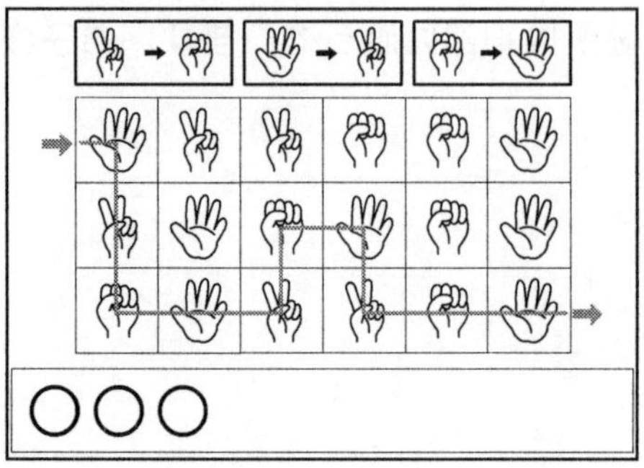

アドバイス

複数の指示が出されていますが、しっかりと聞いて遵守できたでしょうか。この問題のように複数の指示をまとめてされる問題はよくあります。この問題は、約束を見たときに、進む方向がじゃんけんで勝つものになっていることに気がつけたでしょうか。一つひとつ見ながら取り組むのとでは処理スピードが大きく違います。進む条件が発見できたお子様の場合、あとは、ゴールまで勝つようにじゃんけんができます。その後、通らなかったパーを数え、解答することにすんなりと進めたのではないでしょうか。実際に問題を解いた場合、一つひとつ条件を確認して取り組むのは時間をロスしてしまいます。このようなことに気がつけるようにしましょう。そのためには、1つのことだけに集中してしまうのではなく、言われたこと全体を理解するように、普段から心がけるとよいでしょう。

【おすすめ問題集】
Jr.ウォッチャー57「置き換え」

問題25　分野：言語

〈準備〉　鉛筆、消しゴム

〈問題〉　①この絵を見て、正しいことを言っている動物に○をつけてください。
・ウサギは、「岩がコロコロと転がっているわ。」と言いました。
・イヌは、「岩がゴロゴロと転がっているね。」と言いました。
・パンダは、「岩がのっそりと転がっているね。」と言いました。
・ライオンは、「岩がひらひらと転がっているよ。」と言いました。
②この男の子の顔を見て、正しいことを言っている動物に○をつけてください。
・ウサギは、「目がギラギラと輝いている。」と言いました。
・イヌは、「目がひらひらと輝いている。」と言いました。
・パンダは、「目がキラキラと輝いている。」と言いました。
・ライオンは、「目がパラパラと輝いている。」と言いました。
③この絵を見て、動物たちが言いました。正しいことを言っている動物に○をつけてください。
・ウサギは、「雨がスラスラと降っている。」と言いました。
・イヌは、「雨がしとしと降っている。」と言いました。
・パンダは、「雨がザーザー降っている。」と言いました。
・ライオンは、「雨がばらばら降っている。」と言いました。

〈時間〉　15秒

〈解答〉　①イヌ　②パンダ　③パンダ

アドバイス

日本語は奥が深く、雨が降っている状態ひとつをとっても、「ザーザー」「しとしと」「ぽつぽつ」「じとじと」など、色々な言い方があります。これらは、日々の生活の何気ない会話の中に多く存在しており、言葉だけを教えようとしても、お子様はなかなか理解できません。雨の時、「雨が降っているね」だけで終わらせず、どのように降っているのかも会話の中に入れるように意識するとよいでしょう。こうしたことは雨に限らず、人の表情、自然現象など、多岐にわたっています。言葉に興味を持つと、お子様の語彙力もアップしてきます。言葉遊びとして色々な言葉を集めてみてはいかがでしょう。語彙力がアップしてくると、感性も豊かになってきます。感性が豊かになると、表現力もアップします。このように、色々なことによい影響が波及してきます。

【おすすめ問題集】
Jr.ウォッチャー17・「言葉の音遊び」、18「いろいろな言葉」

問題26　分野：言語

〈準備〉　鉛筆、消しゴム

〈問題〉　これから言う言葉は、どんな表情で言っていると思いますか。○をつけてください。
①電車の中で他のお客さんから怒られてしまい、「ごめんなさい。」と言いました。
②「わざとじゃなかったんだよね。大丈夫だよ。」と言いました。

〈時間〉　15秒

〈解答〉　①左から2番目　②左端

アドバイス

この問題も、ご家庭の教育環境を反映させる問題です。挨拶、謝罪、感謝などの言葉は、人間関係の始まりであり、関係性を良好にします。こうした言葉は先ずは、家庭内でする環境を整えていただきたいと思います。と申しますのは、こうした行動は、口先だけでは意味がありません。相手の顔を見て、はっきりと、最後まで伝えることが大切です。お子様ができない場合、お子様だけに原因があるのではないと思います。いつも注意をしていると思っていても、行動に関することは一朝一夕には修正はできません。根気よく、繰り返し行う必要があります。挨拶が口癖になるまで言うようにしてみてはいかがでしょう。わざとではなく偶然のトラブルもあります。時には自分がしてしまった側になることもありますが、その様なとき、直ぐに「ごめんね。大丈夫」と言えるようになって欲しいと思います。逆にされてしまったとき、相手から謝罪をされたら、「お互い様の精神、寛容な心」で許せる人間に育って欲しいと思います。

【おすすめ問題集】
新 口頭試問問題集

問題27　分野：常識

〈準 備〉　鉛筆、消しゴム

〈問 題〉　①の絵を見てください。扇風機にスイッチを入れたら、どうなりますか。正しい絵に○をつけてください。
今から鳴き声が聞こえてきます。
②（音声「スズメの鳴き声」）
　どの鳥の鳴き声でしたか。○をつけてください。
③（音声「カラスの鳴き声」）
　どの鳥の鳴き声でしたか。○をつけてください。
④（音声「うぐいすの鳴き声」）
　どの鳥の鳴き声でしたか。○をつけてください。

〈時 間〉　15秒

〈解 答〉　①左端　②右から2番目　③左から2番目　④左端

アドバイス

こうした問題の出題意図を考えたことがありますか。知識として、どうやって学習すればよいのかという点に、意識がいってしまうと思います。実は、当校の入試では、生活体験を積んで欲しい、生活において様々なことに関心を持ってもらいたいという想いも込めて作問が行われています。過去の問題を振り返っていただくとそう言われればと思う出題があったと思います。知識として身につけて欲しいから出題したのではなく、問題、学習を通して興味、関心を持ってもらいたいと考えての出題です。過去に、氷の溶ける様子について出題がありましたが、それもこの問題と意図は同じです。「氷って、どうなっていくのかな？」という興味を持ち、知ることで知識になっていく。興味関心が旺盛なお子様は、学びについて、知識を得ることについて貪欲になるからです。それが入学後の学力の向上につながるため、このような出題をしていることを知っておくとよいでしょう。

【おすすめ問題集】
苦手克服問題集 常識、新 ノンペーパーテスト問題集、
口頭試問最強マニュアル　生活体験編

問題28　分野：行動観察（15人１グループ）

〈準備〉　なし

〈問題〉　①「座って待機するときは、それぞれの緑色のテープに三角座り（体育座り、またはお山座りとも言います。）します。呼ばれた人は、丸いテープの中に入ります。次の人は、その後ろの四角いテープの中で立って待ちます。
②緑色の長い線の上を歩きます。向こう側にある青色の線まで行ったら、終わった順に、元の四角いテープの後ろに座って待ちます。
③次に、先生の方を向いて、ギャロップをします。青い線まで行ったら、そのままの向きで、丸いテープまでギャロップで戻ってきます。
④ケンケンをします。緑色の線の途中にある黄色い目印まで来たら、足を入れ替えます。青色の線まで行ったら、元の自分の座っていた場所に戻ります。
⑤ケンケンパーをします。ケンケンは、左足から始めて、次は右足でケンケンパー、その次は左足でケンケンパーと繰り返します。青色の線まで行ったら、元の自分の席まで戻ります。

〈時間〉　適宜

〈解答〉　省略

アドバイス

この出題についてですが、みなさんは簡単と思いましたか。それとも難しいと感じたでしょうか。弊社としてこの問題は難しいととらえています。それは、待っている時の態度でかなりの差が生じたと推測しているからです。コロナ禍の生活において「じっと待つ」ことが生活の中にどれぐらいあるでしょうか。行動をしたあと待つ、また行動して待つ、この繰り返しはお子様の切り替えと、集中力の維持、そして自制心の継続を必要とします。昨今のお子様が最も苦手とする点を突いた出題と言えるでしょう。また、この「待つこと」についてチェックをされることは、大きな減点もしくは不合格につながるほどのチェックと受け取ってください。その理由は、自制の利かない、集中力が持続できないことは、直接、授業に影響を及ぼすからです。運動テストというと、実技に目が行きがちですが、それ以外の内容で大きな差がついていることを知っておいてください。今回出題された動作の一つひとつは、どれも基本動作の部類に入り、小学校の入試ではよく見られます。

【おすすめ問題集】
新 運動テスト問題集、Jr.ウォッチャー28「運動」

〈立命館小学校〉

※問題を始める前に、本書冒頭の「本書ご使用方法」「本書ご使用にあたっての注意点」をご覧ください。

※本校の考査は鉛筆を使用します。間違えた場合は消しゴムで消し、正しい答えを書くよう指導してください。

保護者の方は、別紙の「家庭学習ガイド」「合格ためのアドバイス」を先にお読みください。
当校の対策および学習を進めていく上で役立つ内容です。ぜひご覧ください。

2024年度の最新問題

問題29　分野：常識

〈準備〉　鉛筆、消しゴム

〈問題〉　左側の絵を見てください。
オタマジャクシはカエルになります。その時、後ろの足から生えてきます。前足はあとから生えてきます。尻尾はどんどん短くなっていきます。カエルになると、ミミズやダンゴムシなどを食べます。
①オタマジャクシがカエルになるとき、どちらの足が先に生えてきますか。左側の上の絵で正しい方に○を付けてください。
②カエルは何を食べますか。左側の下の絵から探して○を付けてください。
右側の絵を見てください。
③上のものから下のどれができますか。線で結んでください。

〈時間〉　各15秒

〈解答〉　①○：左　②○：右上と左下　③左と右・真ん中と左・右と真ん中

アドバイス

理科の知識を知っているお子さまには理科の常識の問題になりますが、カエルの生態をしらないお子さまにとりましてはお話の記憶・理科のお話に近い問題といえるでしょう。カエルの足の生え方はわかっているようでしっかりと分かっていないのではないでしょうか。生活環境の問題もあり、オタマジャクシなどを目にする機会は少なくなっています。実際に観察できればよいですが、それも難しいと思います。その場合、図鑑などを用いて知識を入れていくほかありません。また、日常生活で身の回りにはたくさんの食べ物がありますが、それらが何から作られているのか気にすることはないと思います。今回、出題された3問は、どれもよく目にするものでもあることから、全問正解となって欲しい問題です。また、この問題をきっかけに、普段、食する物がどのような物から作られているのか。同じ原料からどのような食品が作られているのかなども興味を持つようにしましょう。身の回りの物に興味関心を持つことは、新しい知識の修得へつながっていきます。

【おすすめ問題集】
1話5分の読み聞かせお話集①・②、
Jr.ウォッチャー19「お話の記憶」・20「見る記憶・聴く記憶」・27「理科」・
34「季節」・55「理科2」、ＮＷウォッチャーズ「理科」

問題30　分野：図形（四方からの観察）

〈準 備〉　鉛筆、消しゴム

〈問 題〉　左側の絵を見てください。
①このイヌを後ろから見ると、下に描いてあるどの形に見えますか。○を付けてください。
②この女の子を左から見ると、下に描いてあるどの形に見えますか。○を付けてください。
③右側の絵を見てください。
左の物を切ったとき、切ったところはどのようになっているでしょうか。正しいものを右から選んで○を付けてください。

〈時 間〉　各20秒

〈解 答〉　①真ん中　②真ん中　③左、右、左、左

アドバイス

四方からの観察の問題です。四方からの問題の場合、答え合わせを保護者の方がするのではなく、できれば、同じように積木を積み、積んだ積木を四方から、時には上や下から観察して自分の解答が合っていたか否かを確認する方法をおすすめ致します。この方法を用いることで、積木の数を正しく数える学習、見えない積木の存在などの一緒に学ぶことができます。この方かにも、積んだ積木を指定した方向から見たらどのように見えるか描かせるのも効果的な学習になります。ただ問題を解くのとは違い、苦手意識を持たずに楽しく学ぶことができるでしょう。また、食べ物の断面図は小学校受験の問題としてはオーソドックスな問題です。今回は横からの断面が問われていますが、縦に切った断面も問われることがあります。これらは料理をする際、お子さまに予想をさせてから実際に切らせ、お子さまが答えた内容と一致しているか検証してみましょう。色々な食材を用いて楽しみながら学習してください。

【おすすめ問題集】
Jr.ウォッチャー53「四方の観察」、27「理科」・55「理科②」

問題31　分野：展開図形・数量

〈準　備〉　鉛筆、消しゴム

〈問　題〉　左側の絵を見てください。
①上の絵の太い線の所で、矢印の方へぴったり重なるように折ったとき、上に描いてある形はどのようになるでしょうか。下に描いてください。
②それぞれ入っている水の量が違うコップに同じ大きさの石を入れます。水の高さが1番高くなるコップはどれでしょうか。そのコップに○を付けてください。

〈時　間〉　各20秒

〈解　答〉　下図参照

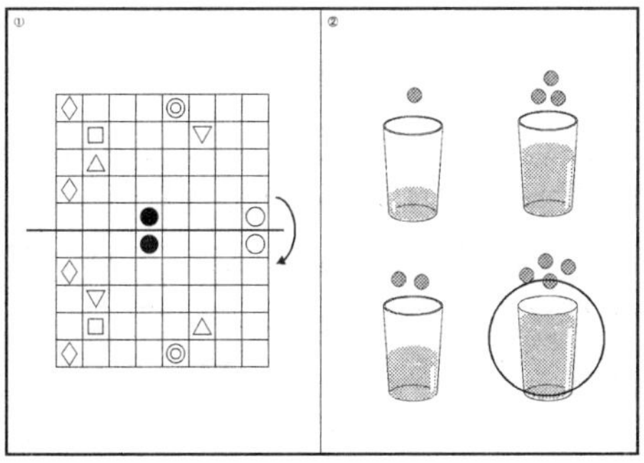

アドバイス

①の問題ですが、正しい位置関係の把握、三角形のように上下左右が対称ではない形の向きの理解がポイントとなります。この問題も答え合わせを活用して理解度を上げることが可能です。鏡を持ってきて、線に合わせて鏡を当てます。そして鏡に映ったものが正解になります。その後、見る位置をずらしながら、自分の書いた解答が合っているかを確認しましょう。その他の確認として、形を書く際、頂点はしっかり書けているでしょうか。また、筆圧はしっかりしていましたか。筆記用具の持ち方などと合わせてチェックしてください。②の水の高さに関する問題も同じように、実験をして答え合わせをしてください。自分で答え合わせをすることで、水の量と入れる物の関係性などを学ぶことができます。また、実験をしたときに、条件を変えて行うとどうなるのかなど、興味関心を持ったときに知識を広げるようにすると効果的です。実験をしたときは、後片付けも最後までお子さまにさせてください。そのようにすることで、他のことも身につけることができます。

【おすすめ問題集】
Jr.ウォッチャー5「回転・展開」、31「推理思考」、48「鏡図形」

問題32　分野：言語

〈準備〉　鉛筆、消しゴム

〈問題〉　左側の絵を見てください。
左に描いてある絵からスタートして、右の絵でしりとりをします。その時使わない絵が１つだけあります。その絵に○を付けてください。
右側の絵を見てください。
上の絵と下の絵で同じ名前のもの同士を線で結んでください。

〈時間〉　各30秒

〈解答〉　①：ブタ　②：ニンジン　③：すべり台　④：イカ
⑤：左-真ん中（タコ）、真ん中-左（クモ）、右-右（ハシ）

アドバイス

最初に、描いてある絵の名称を理解しているかどうかを確かめてください。③の左端を信号と解釈すれば、キクに結びつきません。信号機と解釈すればキクにつながっていきます。しりとりの問題では、この言い方ではダメなとき別の言い方ではどうかという観点の切り替えも大切です。また、しりとりも語彙数が多ければすんなりと解くことができるでしょう。語彙力を上げるには、コミュニケーション、読み聞かせなどを多く持つことが有効です。また家族とだけのコミュニケーションだけではなく、他の人との会話を持つことも大事です。話題が多くまた内容も異なるとそれだけ語彙力もついていきます。同音異義語は名詞に限らず動詞、形容詞、などにもあります。例えば「思い」「重い」、「蕎麦」「傍」など言葉集めなどの遊びを通してやってみましょう。その意味も付け加えていくと一挙両得になります。

【おすすめ問題集】

Jr.ウォッチャー17「言葉の音遊び」・49「しりとり」・60「言葉の音」・
苦手克服「言語」、ＮＷウォッチャーズ「言語」

家庭学習のコツ①　「先輩ママの声」を読みましょう！

本書冒頭の「先輩ママの声」には、実際に試験を経験された方の貴重なお話が掲載されています。対策学習への取り組み方だけでなく、試験場の雰囲気や会場での過ごし方、お子様の健康管理、家庭学習の方法など、さまざまなことがらについてのアドバイスもあります。先輩ママの体験談、アドバイスに学び、ステップアップを図りましょう！

問題35　分野：推理

〈準備〉　鉛筆、消しゴム

〈問題〉　絵を見てください。
リスがドングリのところまで行くのにはどのように進めばよいでしょうか。進むところを線で描いてください。ただし、途中の動物のいるところは通れません。

〈時間〉　各15秒

〈解答〉　下図参照

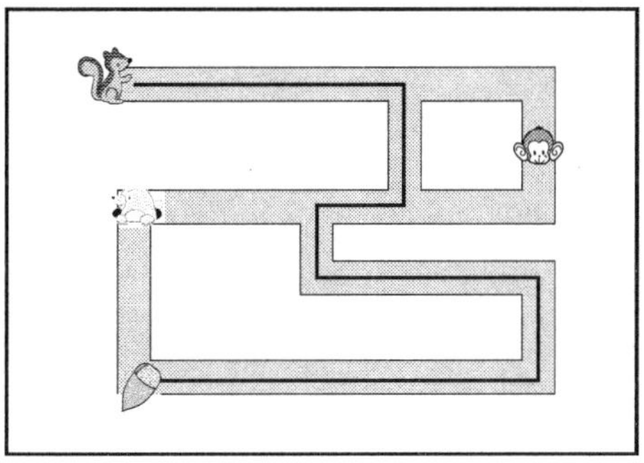

アドバイス

進むときの条件も進む道も少なく、この程度の問題であれば、簡単に解答できるでしょう。様々な迷路の問題がありますが、初めから難しい問題に取り組むのではなく、徐々に進めていくようにしてください。線を描くときは、筆圧にも注意が必要ですが、迷路の枠線に触れないよう、真ん中をしっかりした線で描かなくてはいけません。そのような線を描くには、正しい筆記具の持ち方が重要です。描いているときの姿勢にも関係してきますので併せて観てください。

【おすすめ問題集】
Jr.ウォッチャー7「迷路」・47「座標の移動」・51「運筆①」・52「運筆②」

問題36　分野：観覧車

〈準備〉　鉛筆、消しゴム

〈問題〉　上の絵を見てください。左の観覧車と、右の観覧車の2つを重ねます。その観覧車が回って下のようになった時、○と△のところにはどの動物が乗っているでしょうか。右から正しい組み合わせのものを探して○を描いてください。

〈時間〉　15秒

〈解答〉　○：下から２番目

アドバイス

まず最初に、２つの観覧車が重なるとどのような配置になるか理解できたでしょうか。それが正しく理解できていれば解答を見つけるのに苦労はしないと思います。観覧車の問題は、このような問題のほかに「左にいくつ回り、右にいくつ回ったときの指定場所には……」「△が○のところに来たときは、●のところには何が来るのか」などの様々な問題があります。色々なバリエーションがある問題ですが、難易度の高い問題が多い特徴があります。問題文をしっかりと聞き一度で理解する力をつけるにはお勧めの分野と言えるでしょう。観覧車の問題を行う時は、回転する円盤のような物で構いませんから、観覧車に見立てて動かせる物を用意しておかれることをお勧め致します。

【おすすめ問題集】

Jr. ウォッチャー35「重ね図形」・50「観覧車」

問題37　分野：位置の移動

〈準 備〉　鉛筆、消しゴム

〈問 題〉　絵を見てください。
汽車は１マスずつ、新幹線は２マスずつ矢印の方へ進みます。汽車と新幹線が出会うところはどこでしょうか。その場所に○を書いてください。

〈時 間〉　20秒

〈解 答〉　下図参照

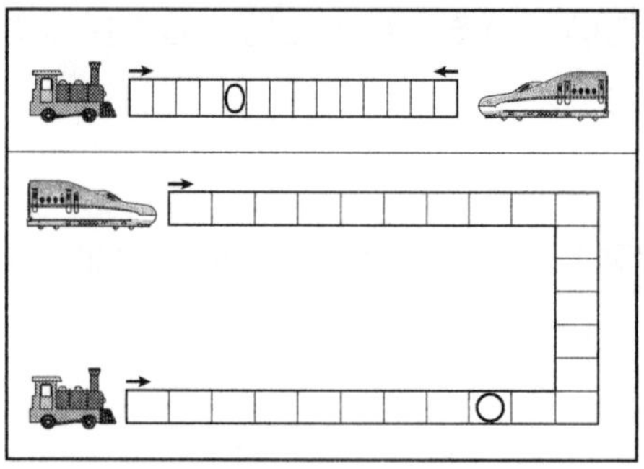

アドバイス

それぞれの進む約束に従って移動させていけばよい問題ですから、悩んだり、戸惑ったりすることはないと思います。ただ、目視だけで解答しようとすると、途中で混乱してしまうと思いますので、この問題は指を使用して、マスを指し示しながら進めていくとよいでしょう。このような問題になれてくれば、数回分まとめて移動させて考えることができます。その方が解答を早く見つけることができます。また、難易度が低いということは、解答時間も短く設定されていることが多く見られます。そのためには、初動をはやくすること、考えている時のスピードを上げることも大切になってきます。この問題は２問とも正解したい問題ととらえてください。

【おすすめ問題集】

Jr. ウォッチャー2「座標」・47「座標の移動」

問題38　分野：行動観察（巧緻性・聞き取り）

〈準備〉　クーピー、ハサミ、鉛筆2本を箱に入れておく。
問題38-1と38-2を渡し一気に出題される。

〈問題〉　今から説明をします。最後までしっかりと聞いたら行ってください。
・ミカンからはみ出さないように鉛筆で線をなぞってください。
・トマトをクーピーの2つの色で塗ってください。
・ミカンとトマトの周りに書いてある点線を、ハサミで切ってください。
・ミカンとトマトをお弁当に乗せてください。
・空いているところにクーピーで、好きなおかずを2つ描いてください。
・やめてください。
終わったら、クーピーとハサミ、ミカンとトマトの周りの紙をかごに入れてください。

〈時間〉　適宜

〈解答〉　省略

アドバイス

やることを一気に説明されるので、集中していなければ記憶ができません。自分で問題を想定することは記憶の邪魔になりますから注意しなければなりません。日頃どれだけの切る、貼る、塗る、ちぎるなどの作業をやっているかで、特に巧緻性に関する技術は作業量に比例しますから、毎月日少しずつでもよいので練習するようにしましょう。また、出来に差が付きます。道具の使い方筆記具の持ち方などにも注意して観てください。箸の正しい持ち方ができなければ、筆記具の正しい持ち方も危うい持ち方になります。箸の持ち方も筆記具の持ち方も関連性がありますので、しっかりし付けておくようにしてください。指示の聞き取り、作業中の態度、道具の使い方、後かたづけ、終わってからの態度などは観察対象の大きいところです。

【おすすめ問題集】
Jr.ウォッチャー23「切・貼・塗」・24「絵画」・29「行動観察」・30「生活習慣」、ゆびさきトレーニング①・②・③

家庭学習のコツ③　効果的な学習方法～問題集を通読する

過去問題集を始めるにあたり、いきなり問題に取り組んではいませんか？　それでは本書を有効活用しているとは言えません。まず、保護者の方が、すべてを一通り読み、当校の傾向、ポイント、問題のアドバイスを頭に入れてください。そうすることにより、保護者の方の指導力がアップします。また、日常生活のさまざまなことから、保護者の方自身が「作問」することができるようになっていきます。

問題39　分野：行動観察（4人1組の3～4グループ）

〈準備〉　直方体の積み木

〈問題〉　この問題の絵はありません。
グループで積み木が大きな丸になるように立てて置きましょう。やめと言われたら積み木を箱に入れて片付けてください。

〈時間〉　適宜

〈解答〉　省略

アドバイス

立てておくということは、ドミノを組み立てていくようなことと似たような作業になります。またこの問題は、1人でやるのではなく、数人でやる作業ですので、誰かが崩してしまう可能性もあります。そのようなときの言動などに注意しましょう。日頃の生活の中で、失敗をしたりしたとき、保護者の方はどのような言動をとっているでしょうか。とっさに出る言動は、日常生活でしていることが、そのまま出てしまうということはよくあります。このような課題は、うまくできればよいに越したことはありませんが、他人の失敗に対して厳しい言動は大きなマイナスがつくことは忘れないでください。この点からうまくすることだけでなく大きな失言をしない対策も大切です。

【おすすめ問題集】
Jr.ウォッチャー29「行動観察」・30「生活習慣」、
ゆびさきトレーニング①・②・③

問題40　分野：巧緻性（箸使い）

〈準 備〉　豆をおわんに入れておく、からの皿、箸

〈問 題〉　おわんに入っている豆を、空の皿に箸で移してください。落としてもそのまま拾わずに続けてください。

〈時 間〉　30秒

〈解 答〉　省略

アドバイス

考査の時に使用されたものは色のついたＢＢ弾のような小さなものと、箸は樹脂製のものでした。箸は子ども用のサイズだったようです。正しく箸の持ち方ができているか、落としたり失敗をしたときの態度はどうなのか、やっているときの姿勢に注意して観てください。練習するときは様々なものを使用して豆つかみの練習をすることをお勧めいたします。終わったときの指示があるかどうかをしっかり聞いて行動するように最後まで聞くことを習慣づけておくとよいでしょう。近年、正しい箸使いができない大人も増えています。学校側は、保護者の方が正しい箸の持ち方ができなければ、子どももできない。子どもだけきちんと練習して、保護者の方はしなくていいとは考えていません。保護者の方がお子さまのお手本になるべきという考えもあり、面接で保護者の方にも豆つかみをしてもらったらどうかという意見が、関西の学校の中にでています。当校で実践されても大丈夫なように保護者の方も練習をしておきましょう。

【おすすめ問題集】
Jr.ウォッチャー30「生活習慣」、ゆびさきトレーニング①・②・③

問題41　分野：面接

〈準備〉　なし

〈問題〉　この問題の絵はありません。

【志願者（志願者1人の時の質問）】
・子どもが描いた絵についての質問がある。例「何をしているところですか」
・家に帰ったら何をしますか。（そのことへの質問や後のことの質問あり）
・園で頑張っていることは何ですか。
・園では何をして遊びますか。何人くらいで遊びますか。
・友達と遊ぶことが多いですか。
・お友だちと喧嘩をしますか。
・喧嘩をしたときはどのようにして仲直りをしますか。
・お友達と仲良くするにはどうしたらよいでしょうか。
・お父さんやお母さんに、どのようなときに褒められますか。
・お父さんやお母さんに、どのようなときに叱られますか。
・見学会で印象に残っていることは何ですか。
・立命館に入って何をしたいですか。
・お父さんやお母さんとはどんな遊びをしますか。

【保護者と一緒の時の質問】
・家ではどんなことをしていますか。
・この学校で頑張りたいことは何ですか。
・きょうだい喧嘩はしますか。
・どのようにして仲直りをしますか。
・友達と遊んでいて楽しいことはどんな時ですか。
・きょうだいでどんな遊びをしますか。

【保護者へ】
・本校への志願理由をお聞かせください。
・通われている園から、これは直してほしいと言われたことはありますか。
・イベントで当校へ来られた時の印象をお聞かせください。
・当校の魅力をお聞かせください。
・お子様の園での様子をお聞かせください。
・園とどのような関係を築いていますか。また、園の先生とどのような連携をされていますか。
・子育てで大変だったと思うことはどのようなことですか。
・他のお子様とトラブルになったとき、どのように対処されますか。
・お子様が年長になって成長したと思うことをお聞かせください。
・お手伝いはどのようなことをさせていますか。
・現在のお子様と当校で学ぶ上でマッチングする部分について教えてください。
・当校に期待することは何ですか。
・４・４・４制のどこが重要だと思われますか。12年生に関してのお考えをお聞かせください。
・お子様にはどのように成長してほしいと思われますか。
・お子様が宿題をしないときはどうされますか。
・当校と他校の違いについてお聞かせください。
・ともに働いておいでですか。お子様との時間について特に意識されていることはどんなことですか。
・ごきょうだいで性格が違うと思いますが、それぞれを伸ばすための工夫をお聞かせください。

〈時 間〉 即答

〈解 答〉 省略

アドバイス

当校の面接で気を付けなければならないのは、保護者の方がいないときと同席したとき、態度が同じでだったか。保護者の方が面接を受けているときの態度はどうだったかなどは注意したいものです。面接テストの観点を考えると、質問に対する答えを気にされると思いますが、今挙げたように、面接テストの観点は回答だけではありません。面接テストの観点は多岐に及んでおり、その一つひとつのことに対して対策をとっていると、お子さまらしさを失ってしまいます。
志願者への質問は保護者抜きと、保護者とともに2度にわたって行われるため「聞く、話す」「その場に応じた対応」や「待つときの態度」は身に着けておくことです。保護者への質問は、当校への志願理由から志願の考えや意欲、小学校への理解を感じ取る面接で、志願者へは学ぶ準備ができているかを知る質問と思われます。このようなことは、普段からの生活が重要なポイントともいえるでしょう。

【おすすめ問題集】

面接テスト問題集、保護者のための入試面接最強マニュアル、新 小学校面接Q＆A

2023年度の過去問題

問題42　分野：記憶（お話の記憶）

〈準備〉　鉛筆、消しゴム

〈問題〉　お話を聞いて後の質問に答えてください。

お父さんと妹とお姉さんとお兄さんで、遊園地へ出かけました。お母さんは用事があったので、遊園地には、遅れていくことになっています。遊園地では、お姉さんとお兄さんが、「ジェットコースターに乗りたい」と言いましたが、妹が怖がったので、お兄さんと妹は、メリーゴーランドに乗り、お父さんとお姉さんが、ジェットコースターに乗ることにしました。その後、お父さんとお姉さんが戻ってきたので、みんなでお昼ごはんを食べました。お昼ごはんの後には、お化け屋敷、観覧車、急流滑りをして、おやつを食べました。お父さんとお母さんはコーヒーを買い、お姉さんは綿あめ、お兄さんはポップコーン、妹はアイスクリームを食べました。とても楽しい一日でした

（問題42の絵を渡す）
①お兄さんが最初に乗ったものに、○をつけてください。
②お姉さんが最初に乗ったものに、○をつけてください。
③お兄さんとお姉さんが食べたものに、○をつけてください。

〈時間〉　各15秒

〈解答〉　①左から2番目（メリーゴーランド）　②左端（ジェットコースター）
③左端と右から２番目（ポップコーンと綿あめ）

学習のポイント

お話の長さとしては基本問題といっていいでしょう。しかし、遊園地に行ってからは複雑な状況が設定されており、しっかりと聞き取り記憶する力が求められます。この部分で混乱してしまうと、その後の内容をしっかりと記憶することができません。このような展開のお話の場合、記憶するお子様には大きな負担がかかります。お話が短いといっても、お話のリズム、内容がシンプルなほど記憶しやすく、それらが崩れるほど記憶に残りにくくなります。その様なことを克服するためには読み聞かせの量を増やすことがおすすめです。色々なお話を読み聞かせ、多くのパターンの内容に触れることで、克服することが可能となります。読み聞かせは全ての学習の根底を成すものもですから、最も大切な試験対策の一つと申し上げても過言ではないでしょう。読み聞かせも、ただ読み聞かせるのではなく、感想を聞いたり、登場人物を確認したりしましょう。

【おすすめ問題集】
１話５分の読み聞かせお話集①②、　お話の記憶 初級編・中級編、
Jr.ウォッチャー19「お話の記憶」

問題43　分野：常識

〈準備〉　鉛筆、消しゴム

〈問題〉　左の絵と同じ季節のものに○をつけてください。

〈時間〉　15秒

〈解答〉　①左から2番目（虫取り）　②左から2番目（七五三）
③右から２番目（おせち）

アドバイス

近年、季節に関する行事を行うご家庭が減っています。しかし、ここ数年、小学校受験において、季節に関する問題の出題頻度は上がっています。出題頻度が上がっているということは、差がつく問題であると共に、学校側も常識分野の問題を重視していると読み取ることができます。問題を解いた後、選択肢に書かれてあった絵が、どの季節のもので、何をしているのかなど確認することをおすすめいたします。その上で、大変だと思いますが、各季節の行事を実際に行うようにしましょう。百聞は一見にしかずということわざがあるように、体験をすることでお子様の記憶にもしっかりと残っていきます。同時に、そのメインとなる取り組みだけを意識するのではなく、準備から後片付けまで、きちんと行う事で多くの力を身につけることができます。この問題は全問、正解して欲しい問題です。こうした問題を取りこぼさないように学習に精進してください。

【おすすめ問題集】
Jr.ウォッチャー34「季節」、56「マナーとルール」

問題44　分野：言語

〈準備〉　鉛筆、消しゴム

〈問題〉　上の絵の真ん中の音を組み合わせるとできる名前に○をつけてください。

〈時間〉　30秒

〈解答〉　①左端（雨）②左から3番目（マイク）

学習のポイント

②の「くるまいす」はすんなりと分かりましたか。車いすは難しいとおっしゃる方もいると思います。しかし、このような出題の際、学校に出題意図を伺うと、身体の自由な方はたくさんいます。「私たちに合わせるのではなく、私たちが知識を得て、困っていたら助けてあげるべきではないか。こうしたことは、受験だからというものではなく、人として知っておくべきこととととらえています。」とお話しされる先生方がほとんどです。受験、問題をベースに考えるのではなく、こうした問題の場合は、相手の立場に立って考えられるようにしましょう。同じように、目の見えない人が持つ「白杖」があります。困った人がいたら一声かけるお互い様の精神を、この問題を通して考えるようにしてはいかがでしょう。

【おすすめ問題集】
Jr.ウォッチャー17「言葉の音遊び」・60「言葉の音」

問題45　分野：推理

〈準備〉　鉛筆、消しゴム

〈問題〉　ひもを線の通りにハサミで切ると、何本になりますか。その数だけ右の四角に○を書いてください。

〈時間〉　45秒

〈解答〉　①：4　②：7　③：5

アドバイス

間違えてしまったお子様の場合、答えを考えている間に、頭の中が混乱してしまったのではないでしょうか。このような論理的思考力を要する問題を解く場合、先ずは、冷静に取り組むことが重要になります。焦ると思考の幅が狭くなり、しっかりと考えることができなくなります。問題を解くときは、頭の中で紐を切って考えていきます。このような思考をするためには、実際に作業を積み重ねることが必要となります。この問題も答え合わせは保護者の方が行うのではなく、紐とハサミを用意し、実際にお子様にさせてみましょう。その後、自分の考えと実際に切ってみて結果が同じであるか確認してみましょう。この問題の場合、一生懸命考えることに重点を置くよりも、楽しく取り組むことに意識を傾けるとよいと思います。楽しく取り組むと、同時に柔軟な思考力も活用できますから、より学習効果が得られるでしょう。

【おすすめ問題集】
Jr.ウォッチャー31「推理思考」

問題46　分野：図形（鏡図形）

〈準備〉　鉛筆、消しゴム

〈問題〉　黒い線で矢印の方向に折った時、上の形がぴったりと重なるように、右側のマスに印を書きましょう。

〈時間〉　1分

〈解答〉　下図参照

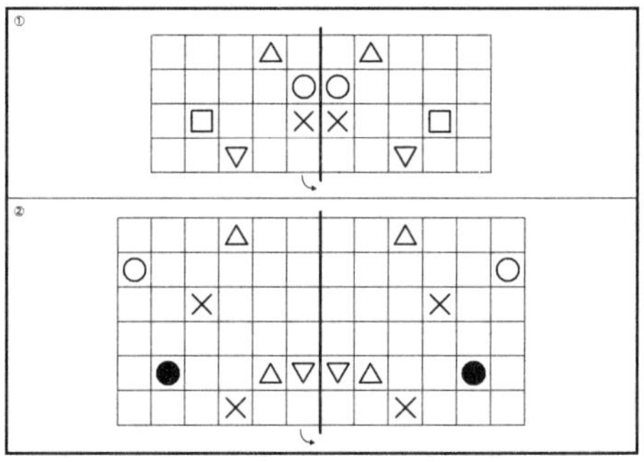

アドバイス

この問題は鏡図形の問題ですが、展開の問題を解くのに必要な考えとなっていることが分かると思います。共通している力が求められているのなら、一緒に習得する方が良いと思います。その方法はこの問題も答え合わせをお子様自身で行います。まず、ホワイトボード用のペンとクリアファイルを用意します。クリアファイルの下側は切り取って、展開できるようにしておいてください。次に袋とじになっている方を問題の黒線に合わせてセットします。その後、ペンでマスと記号を描き写します。できたらクリアファイルを開きましょう。答えになりますので、お子様の解答と一致するか視覚で確認できます。このクリアファイルを開く行為は展開するのと同じです。近い位置と遠い位置の形がどのようになるのかもお子様自身に発見させるとより効果が上がります。学習は量という意見もありますが、時期によっては理解することを優先させることも重要であることを覚えておいてください。

【おすすめ問題集】

Jr.ウォッチャー2「座標」、35「重ね図形」、48「鏡図形」

問題47　分野：推理

〈準備〉　鉛筆、消しゴム

〈問題〉　カメは１つずつ進み、ウサギは1つ飛ばして矢印の方へ進みます。カメとウサギが出会う場所に○をつけてください。

〈時間〉　１分

〈解答〉　下図参照

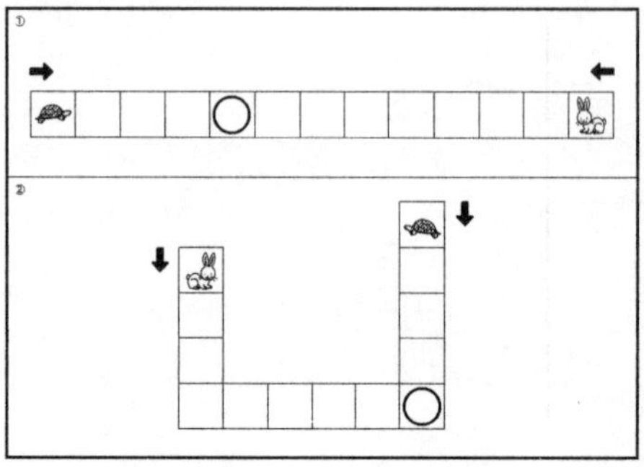

アドバイス

間違えた場合、問題で言われていることを正しく理解できているか確認をしましょう。理解できていた時は、数え方が正しかったか確認をしてください。問題としては特に難しいものではありません。下の問題のように進む形が変化しても基本的な解き方は変わりません。解き方としては、指を使って移動をさせる方法と、印をつけながら移動をさせる方法があると思います。どちらの方法を用いても構いません。得意な方法で取り組んでください。苦手なお子様の場合、オセロ、将棋盤など、マス目のある物を利用し、実際に駒を動かしてみましょう。なれてきたら条件を変えて取り組んでみましょう。この問題も、一つ目がどの位置なるのか、ここを間違えてしまうと、正解は得られません。移動する際の一つ目、位置を示す場合の一つ目と、数え始める位置についてはしっかりと理解させてください。

【おすすめ問題集】
　Jr.ウォッチャー47「座標の移動」

問題48　分野：数量（等分）

〈準備〉　鉛筆、消しゴム

〈問題〉　左にあるアメを、右側に描いてある人で仲良く分けると、一人何個になりますか。その数だけ、その下の四角の中に○を書いてください。

〈時間〉　１分

〈解答〉　①：３　②：４　③：５

学習のポイント

等分配する場合は、人数に関わらず、まずは一人１つずつ、という１：１をしっかりと理解しましょう。一人１つずつ、つまり、アメを分ける場合でも、おせんべいでも、２人なら、２つ必要ですし、３人ならば３つ、４人ならば４つ必要になります。よって、人数に応じて、その都度用意する個数が決まることを理解しましょう。２人で分けるなら、２つずつ線で結んだり、丸で囲んだりします。線や丸でグルーピングした数だけ、等分配されていると言うことになります。このようなことは、言葉で指導するよりも、実際に物を使用して体験するとよいでしょう。出題者の出題意図としては、生活での分配行為、お手伝いをベースとした分配ができるかという点にあります。この問題は、わり算のベースとなります。このように、入試で出題されている内容が入学後の学習に繋がっている内容はたくさんあります。しかし、解き方の理解を把握せず正解を出す方法に終始してしまうと、入学後の学習についていけなくなると耳にします。こうしたことを理解し、学習に取り組むようにしましょう。

【おすすめ問題集】
Jr.ウォッチャー40「数を分ける」、43「数のやりとり」

問題49　分野：数量（数の操作）

〈準備〉　鉛筆、消しゴム

〈問題〉　バスにお客さんが４人乗っています。バス停に着いて、２人のお客さんが降りて、３人のお客さんが乗ってきました。今、バスには、何人のお客さんが乗っていますか。その数だけ下の四角に○を書いてください。

〈時間〉　20秒

〈解答〉　５

学習のポイント

この問題ですが、数の操作として分類されますが、必要とされる力は、お話の記憶とベースは同じです。近年「出題を正しく聞き、対応する」この基本が強く叫ばれています。実際、ここ数年の入試などを振り返ると、特に聞く力が落ちているといわれています。解答を出す際、指を使ってという方法もありますが、ここでは、敢えてその方法を用いて解答を出すのではなく、頭の中で情景を作りだし、問題に合わせて人を移動させることをおすすめします。指を使用して解答する方法だけで行っている場合、入試の際、問題を聞くとき、手は膝の上に置いて聞きましょうと指示が出た場合、対応することができなくなります。そうならないためにも、指を使用して解答をするのではなく、頭の中で操作をする方法を身につけることをおすすめします。最初はできなくても、条件を緩めて行うことでできるようになります。

【おすすめ問題集】

Jr.ウォッチャー38「たし算・ひき算1」、39「たし算・ひき算2」
43「数のやりとり」

問題50　分野：数量

〈準備〉　鉛筆、消しゴム

〈問題〉　①宝箱にコインが８枚入っています。この箱から４枚のコインが外に出てしまった時、宝箱の中には何枚のコインが入っていますか。その数だけ○を書いてください。
②宝箱にコインが10枚入っています。この箱から３枚のコインが外に出てしまった時、宝箱の中には何枚のコインが入っていますか。その数だけ○を書いてください

〈時間〉　20秒

〈解答〉　①：４　②：７

学習のポイント

問題49と同様、この問題も数の操作に分類されます。やはりお話の記憶とベースは同じで、「出題を正しく聞き、対応する」ことが基本です。問題の内容自体は、①も②も単純な引き算ですので、出題内容をきちんと聞いてさえいれば正解できる基本的なものです。にも関わらずこうした問題が出題されるのは、ひとえに聞く力が問われているからです。近年、特に子どもの聞くの能力が落ちてきていることが指摘されていますので、こうした問題を繰り返し解いて、しっかり対策を行うようにしてください。

【おすすめ問題集】

1話5分の読み聞かせお話集①②、Jr.ウォッチャー38「たし算・ひき算1」
39「たし算・ひき算2」、43「数のやりとり」

問題51　分野：数量

〈準備〉　鉛筆、消しゴム

〈問題〉　上の絵のように、バスケットボール１個とテニスボール１個をペアにします。下の絵だけボールがある時、ペアになる数はいくつですか。その数だけ○を書いてください。

〈時間〉　30秒

〈解答〉　①：５　②：８

アドバイス

この問題も先ほどの飴の分配と同じ思考が求められます。難易度的には、飴の問題よりも難易度は高くなります。一つだけの条件が一致すればいいのではなく、複数の条件が一致することを求められます。数え忘れや重複すると正解をだすことはできません。このような問題の場合、描いてあるものを正確に、早く答えることが必要です。日常生活において、物を数える行為を多く取り入れるようにしましょう。そうした生活体験を増やすことで、重複や数え忘れを防ぐことができます。また、意外と疎かになってしまいますが、解答記号を正確に書くことも重要です。丸は下から書き始め、ゼロは上から書き始めます。このようなことも入学後には必要ですから、今のうちにしっかりと身につけるようにしましょう。一番わかりやすいやり方は、１対１で線結びする方法です。この問題は、この方法が早く解答できるでしょう。複雑になってくると種類ごとに数を数え、一番少ないものの数しか組み合わせができないことに気付くでしょう。

【おすすめ問題集】

Jr.ウォッチャー38「たし算・ひき算1」、39「たし算・ひき算2」
43「数のやりとり」

問題52　分野：図形・巧緻性

〈準備〉　ハサミ（取り組む前に、問題52－1のパーツを切り取って渡す。左側の絵は隠しておく）

〈問題〉　（52－2の絵を渡す）
このチューリップにきちんと入るように、全部のパズルを使って当てはめてください。「やめ」と言われたら、手を膝に置いて待っていてください

〈時間〉　３分

〈解答〉　省略

アドバイス

この問題は非常に難易度の高い問題で、お子様の空間認識力が問われます。このような問題の場合、正解だけを観ているのではなく、取り組んでいる姿勢、観点の切り替え、器用さ、指示の遵守、後片付けなど、総合的な力を観察しています。正解だけに集中するのではなく、総合的にお子様をチェックしましょう。ポイントとしては、正方形が３つあるので、それがチューリップの３つ花びらにあてはまることに気付けるか、また、パーツが２つずつあるものは、線対称に使えばよいと気付くことができるか、１枚しか無い直角二等辺三角形と、２枚ある小さい直角二等辺三角形をうまくあてはめること、あてはめ方に気付くことができるか、がカギです。また、夢中になっても、「やめ」の合図で、きっぱりと作業を止めることができるか、そのメリハリも重要です。このように総合的に取り組むことをおすすめいたします。

【おすすめ問題集】
Jr.ウォッチャー9「合成」、45「図形分割」

問題53　分野：行動観察（4人１グループ）

〈準備〉　口先にクリップのついた魚の絵、釣り竿（絵を参考にしてください）

〈問題〉　今からみんなで魚釣りをします。魚が釣れたら、カゴに入れてください。釣り竿は、数が少ないので仲良く使ってください。「やめ」と言われたら、釣り竿をカゴに戻してください。

〈時間〉　５分

〈解答〉　省略

学習のポイント

行動観察では、よく見られる課題の一つです。グループの人数に対し、釣り竿の数は満たされていません。ですから、どのように使用するのか初めて会ったお友達と決めなければなりませんが、お子様にとりましてこれは大きな壁となると思います。しかし、このよう行動観察の問題では避けて通れない内容です。わがままを言わない、約束の遵守、積極性など基本的なことは身につけておきましょう。入試において「できる」とは、ただクリアすることではありません。学校側が設定する基準に対しての判断になります。このようなことは日常生活を通して身につける内容であり、学校側はお子様自身の力だけでなく、家庭環境、保護者の方の躾力としても観ています。また、終わった後のお子様の行動も採点対象となります。行うことだけでなく、「学校側の指示を守る」「終わった後、待っているときの態度」なども行動観察では重要な観点となっています。そのような意味では、行動観察は最初から最後まで気を抜かず、「積極的に楽しむ」ことが大切です。

【おすすめ問題集】
Jr.ウォッチャー9「合成」、45「図形分割」

問題54　分野：言語（読み聞かせ）

〈準備〉　絵本「小さなくも」

〈問題〉　**この問題の絵はありません。**
絵本を読んだ後、「こんな雲になってみたい、と思った人は、手を挙げてください。」といわれ、指名されたら発表する。

〈時間〉　5分

〈解答〉　省略

学習のポイント

読み聞かせをしているときの「態度」は大切です。日頃から、読み聞かせをする時も、話を聞くときの姿勢がきちんと整っているか意識をしてください。それは、単にきちんと座るだけではなく、意欲的に取り組んでいるかも大切になってきます。家庭で読み聞かせをする場合、好きな本が多くなると思いますが、入試ではどのような本が取り上げられるかは分かりません。興味のある内容ならきちんと聞けるが、そうでない場合、姿勢が崩れてしまうなど、バラツキがなくなるよう、色々な本の読み聞かせをしてムラを無くすようにしましょう。読み聞かせを行う際、興味を持たせるための抑揚をつけて行うことがよくありますが、入試でのお話の記憶では抑揚はつきません。抑揚がなくても最後まで聞けるよう、読み聞かせをすることをおすすめいたします。また、意見と正解は違います。意欲的に意見が言えるように日常会話を楽しみと捉えられるようにしましょう。

【おすすめ問題集】
1話5分の読み聞かせ①②、Jr.ウォッチャー19「お話の記憶」

問題55　分野：面接（保護者・志願者面接）

〈準備〉　なし

〈問題〉　**この問題の絵はありません。**

事前に絵を描いて持参し、受験者だけの面接で、絵についての質問をされる。その後保護者と受験者の面接が行われた。

【保護者へ】
・簡単にご両親の自己紹介と、お子様との続柄を教えてください。
・本校への志願理由と、４つの柱についてどう思うか教えてください。
・お子様の園での様子はいかがですか。
・園とどのような関係を築いていますか。また、園の先生とどういった連携をされていますか。
・お子様には、どんな子に育ってほしいですか。また、子育てでここだけは　という部分はありますか。。
・どんな時にお子様の成長を感じられましたか。
・12年制に関しては、どう思われますか。
・立命館と他の学校との違いについて、教えてください。
・子どもの様子で、家庭と園での違いについて教えてください。
・意欲を引き出す為に、何か家庭でされていることはありますか。
・立命館小学校に限らず、どうして公立ではなく私立にしたのですか。私立に求めるものは何ですか。

【志願者へ】
・あなたのお名前と、幼稚園の名前を教えてください。
・幼稚園でどんな遊びをしていますか。その遊びは1人でするか、お友達とするか、どちらがいいですか。
・立命館小学校に来たことはありますか。そのときには、何をしましたか。それは、楽しかったですか。
・立命館小学校に入学したら、何のお勉強をしたいですか。
・幼稚園は給食ですか、お弁当ですか。給食で好きな食べ物と嫌いな食べ物を教えてください。なぜ、その食べ物が嫌いなんですか。
・幼稚園で仲の良いお友だちの名前を教えてください。そのお友だちは、どんな子ですか。
・外ではどんな遊びをして、お部屋ではどんな遊びをしますか。
・なにか習い事をしていますか。習い事は楽しいですか。
・幼稚園（保育園）で、一番楽しかったことは、どんなことですか。
・あなたが毎日頑張っていることは、どんなことですか。
・あなたは、お父さん（お母さん）に、何をするとほめられますか。
　最近何をしてほめられましたか。
・あなたが好きな本を教えてください。どうして好きですか。
・お父さん（お母さん）のいいところを教えてください。

〈時間〉　５分

〈解答〉　省略

アドバイス

面接の内容は幅広く問われています。面接試験は、みな様が想像するよりも緊張します。ですから、その場で臨機応変に対応しようとしてもなかなか上手くはいきません。上手くいっているときはいいですが、一度詰まってしまうと、頭の中は混乱し、面接中に修正することは無理だと考えてください。ならどうすればいいか。となりますが、その場で考えて対応するのがむりなら、その場で考えるのではなく、普段していることを答えるようにすればいいのです。面接では回答した内容だけでなく、発言に対する背景の有無、回答しているときの目や意欲など、発言以外のことも観ています。また、普段していることを回答するようにすれば、回答に胸を張れるはずです。また、質問に対して突っ込まれたとしても凛と回答できるのではないでしょうか。これはお子様の回答も同じです。一言で言えば、回答を考えたり、作らなくてもいい家庭環境にするとことです。

【おすすめ問題集】

1話5分の読み聞かせ①②、Jr.ウォッチャー19「お話の記憶」

☆洛南高等学校附属小学校

問題 1

①

②

③

④

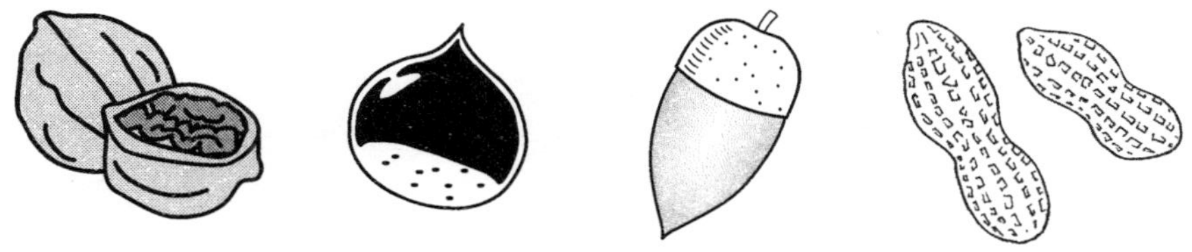

⑤

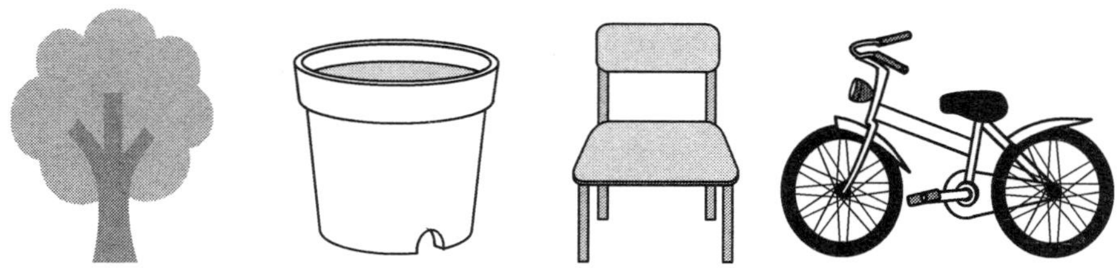

⑥

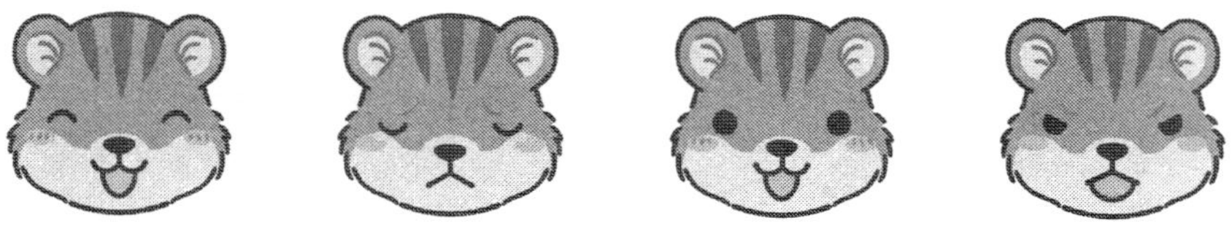

⑦

問題２－１

問題２－２

問題 3

①

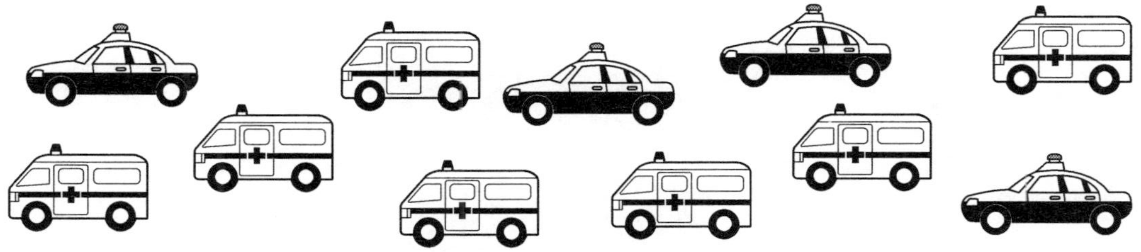

②

③

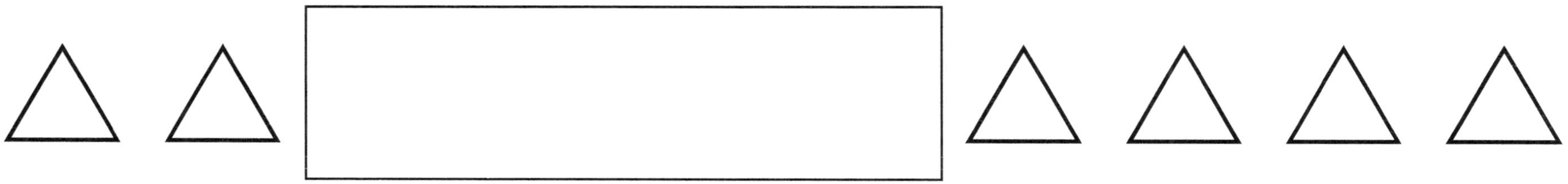

④

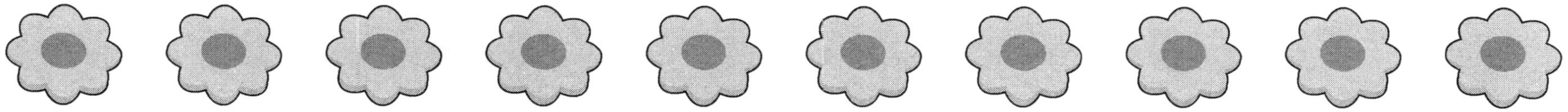

⑤

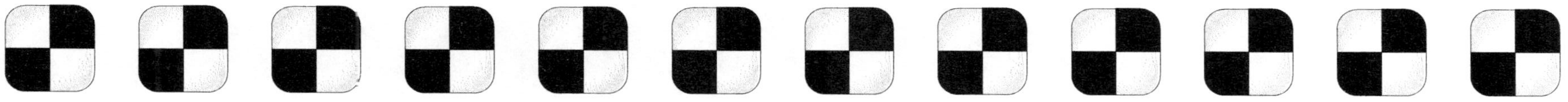

問題 4

①

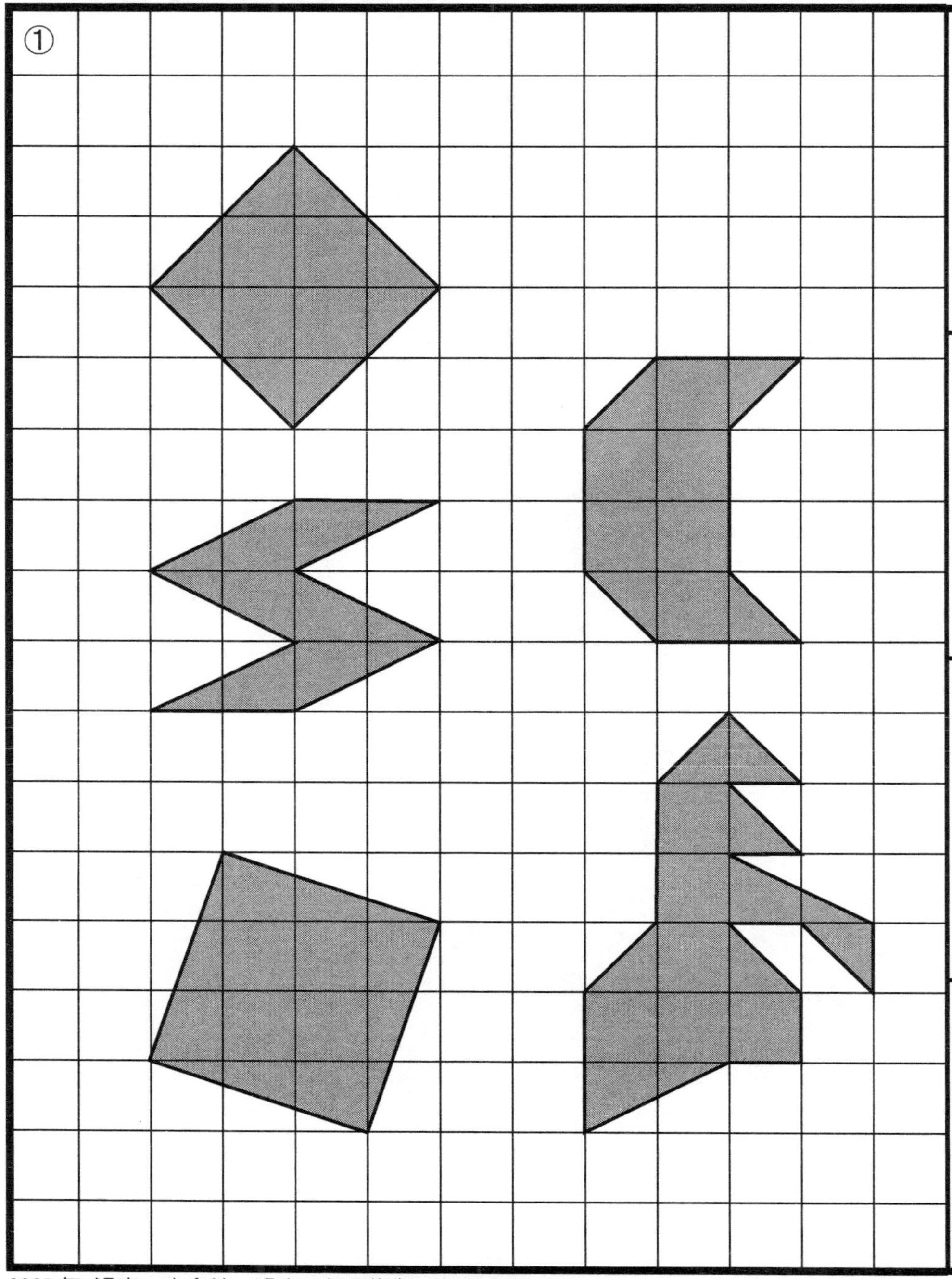

②

③

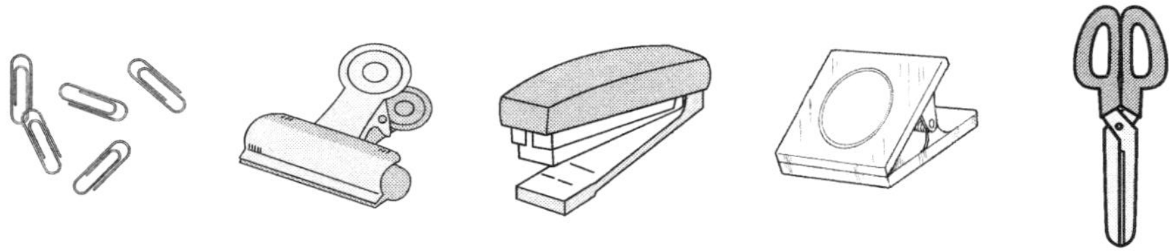

④

⑤

☆洛南高等学校附属小学校

問題5

①

②

③

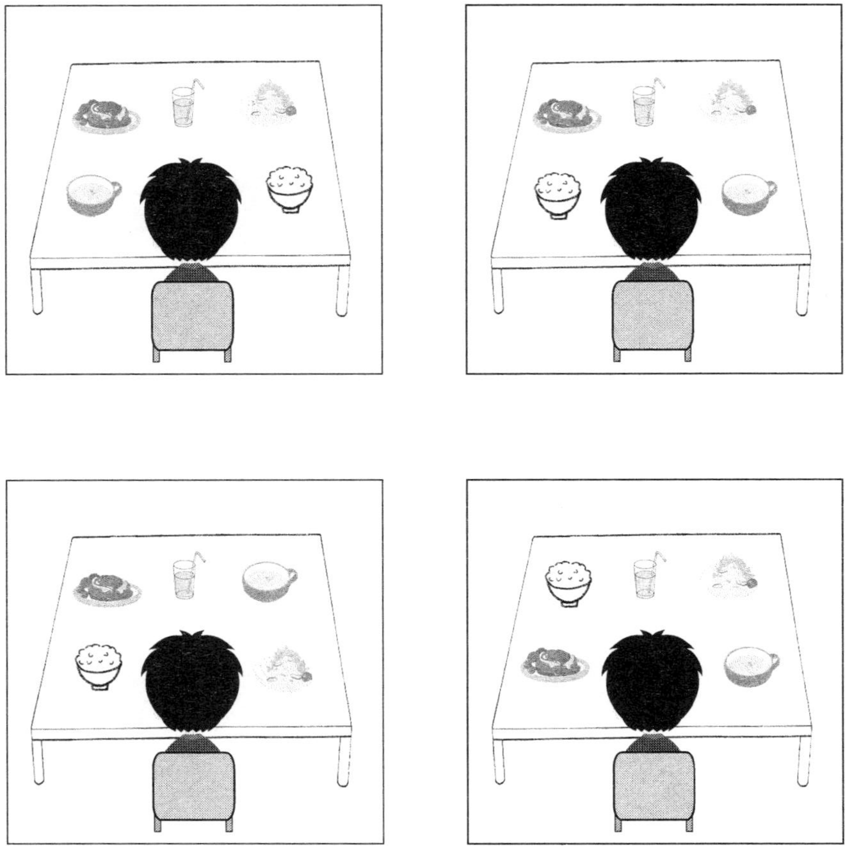

①

②

日本学習図書株式会社

2025年 洛南・立命館 過去 無断複製／転載を禁ずる

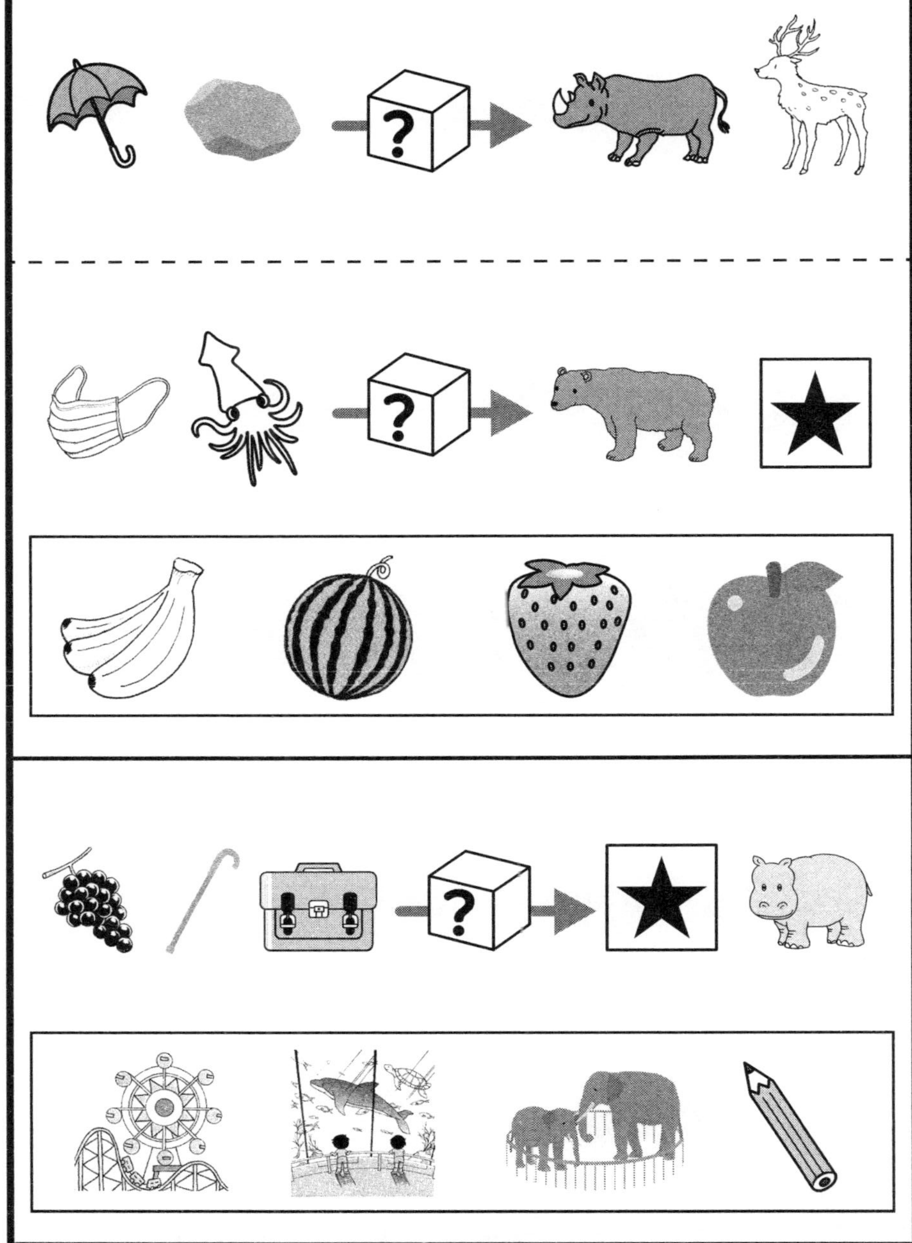

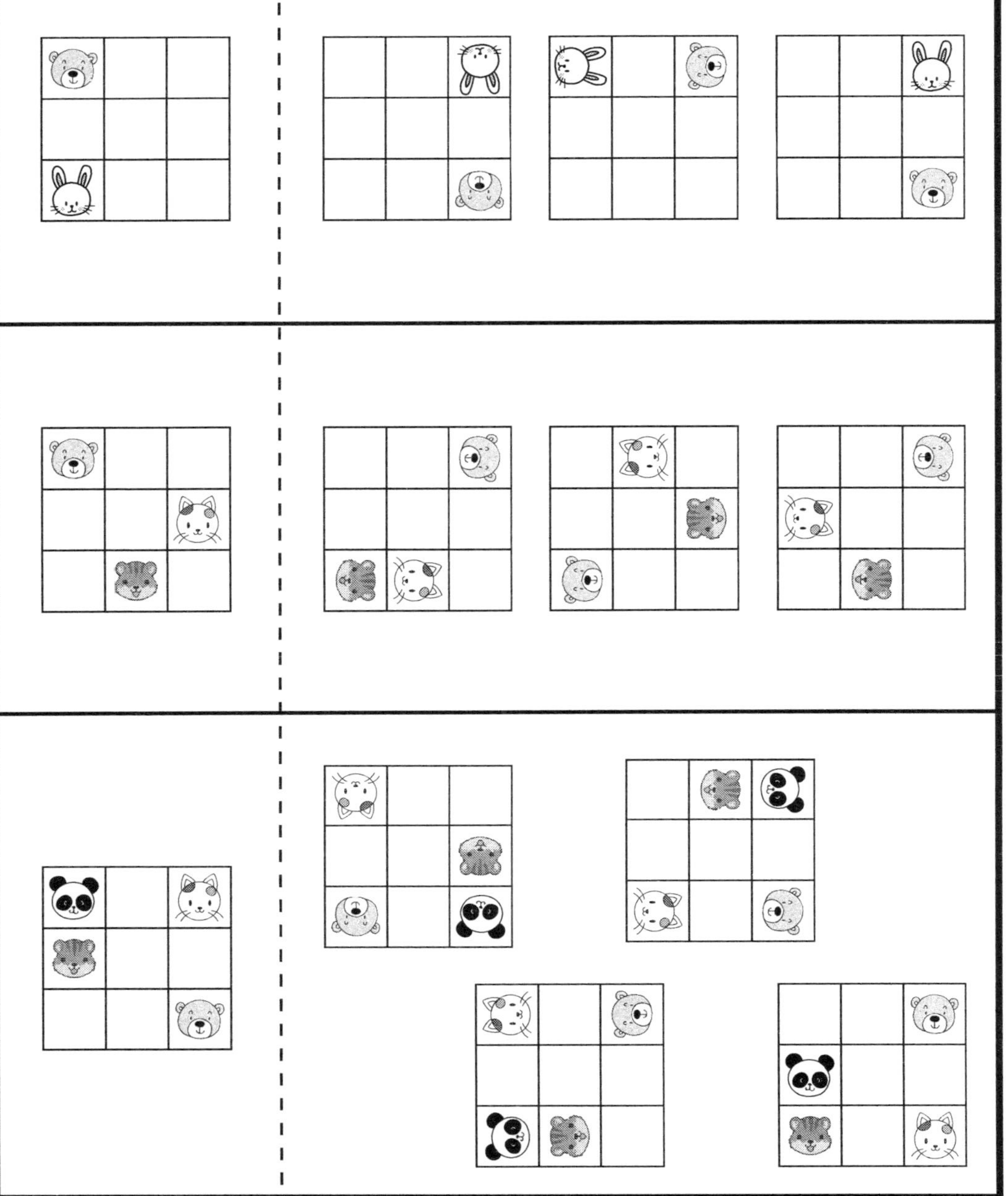

☆洛南高等学校附属小学校

問題7

①

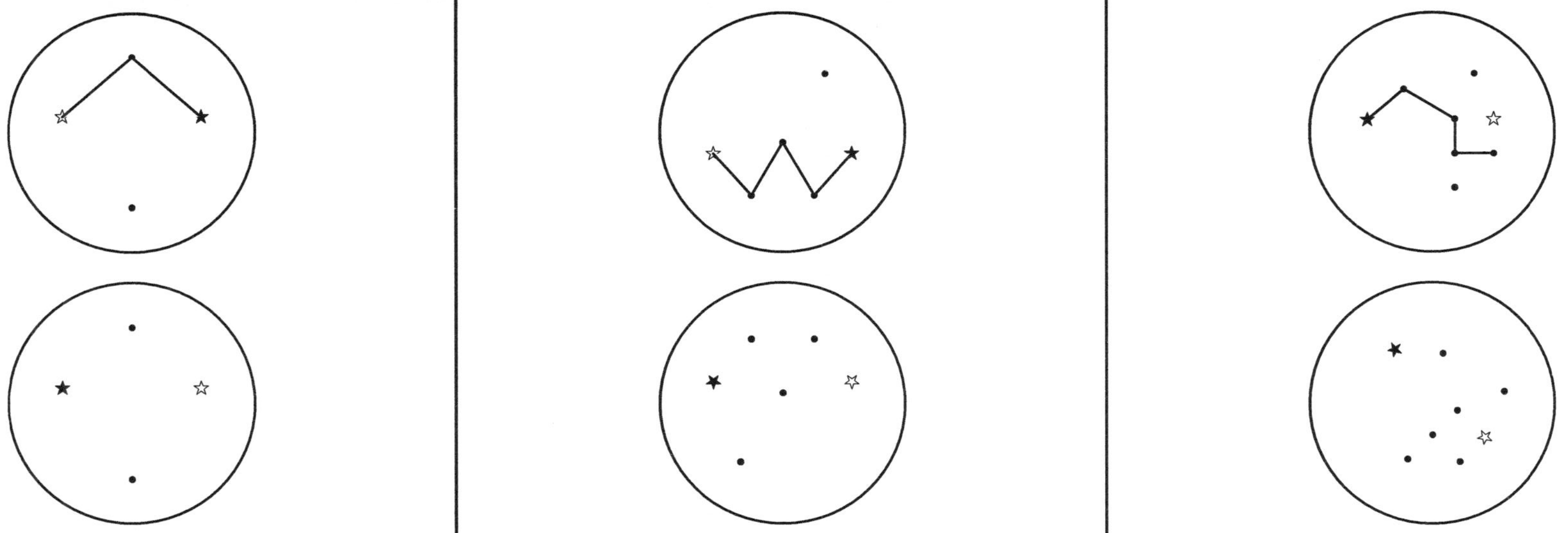

②

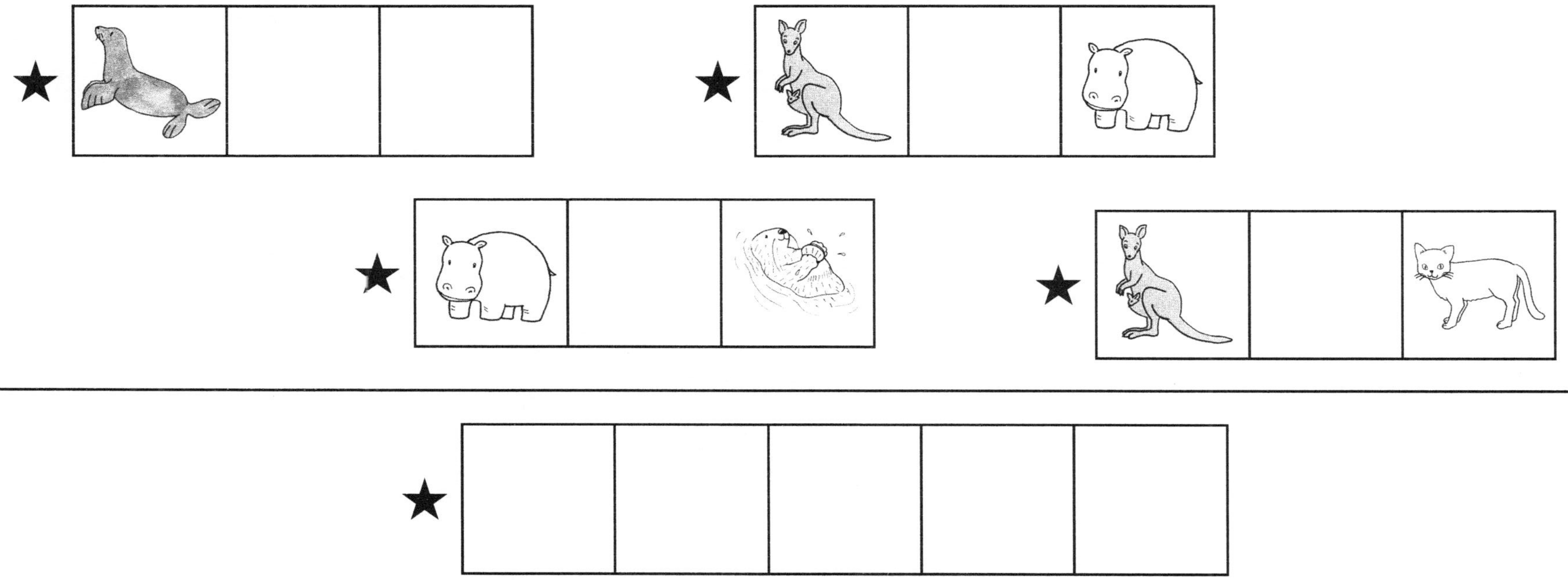

問題8

☆洛南高等学校附属小学校

①

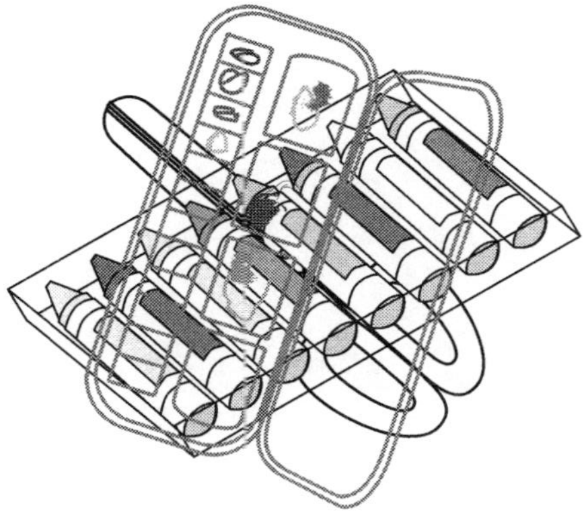

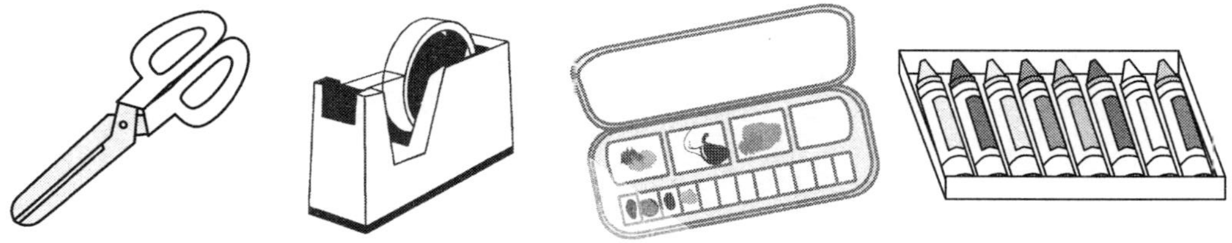

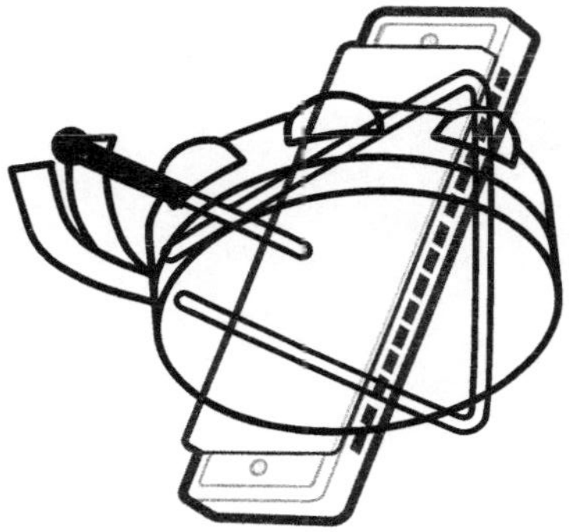

②

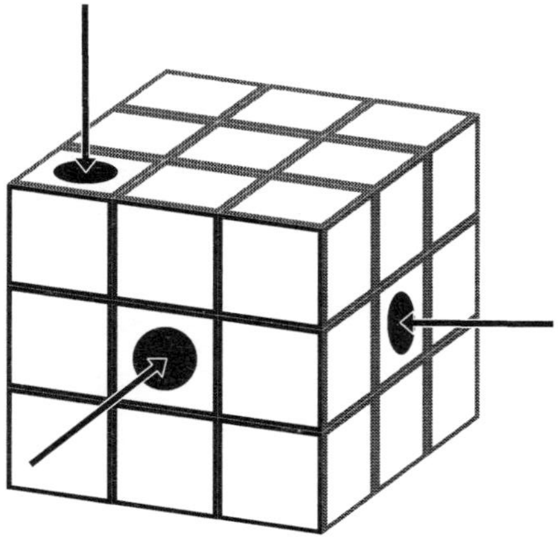

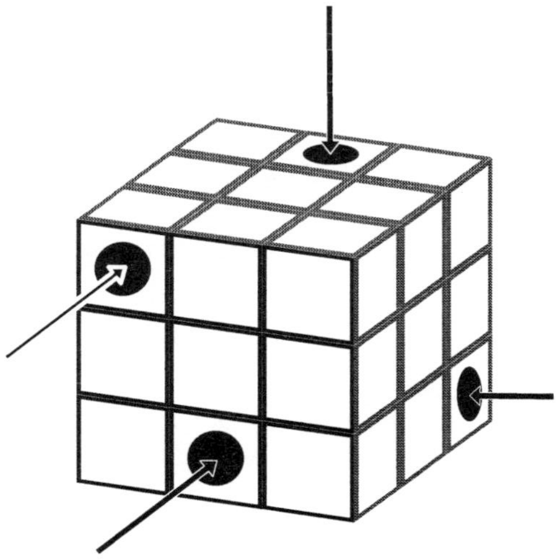

問題９

☆洛南高等学校附属小学校

①

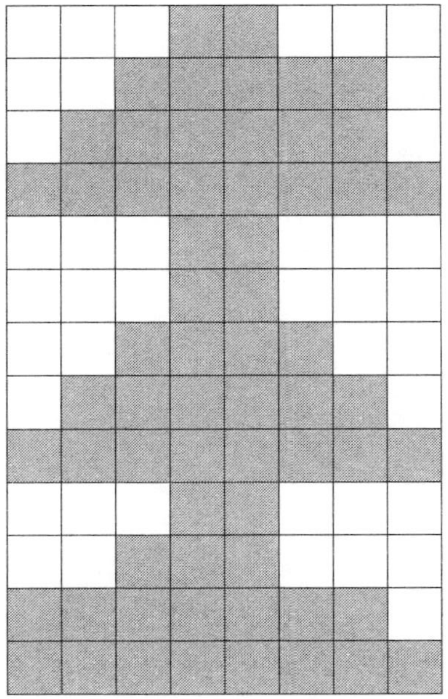

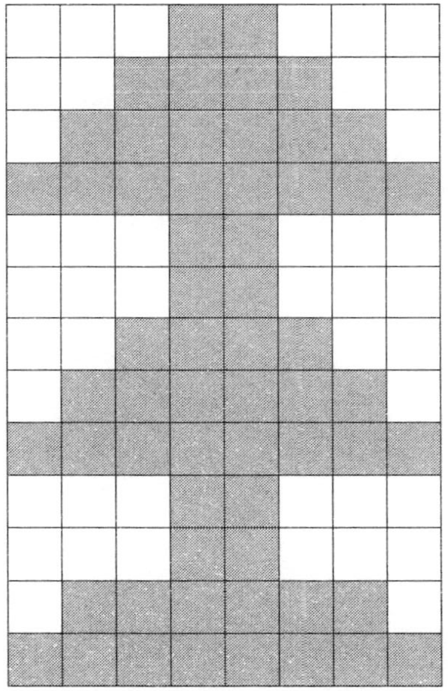

②

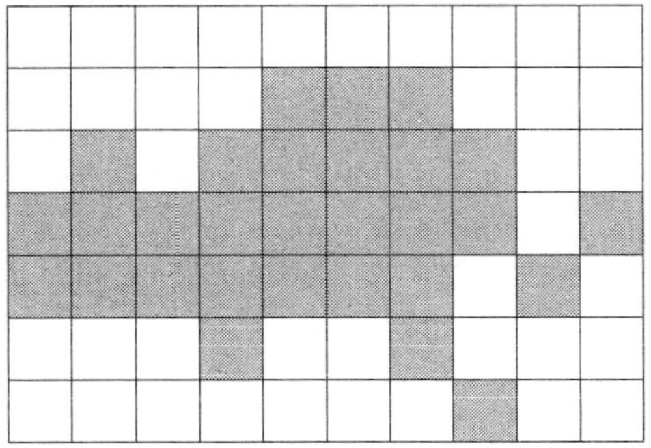

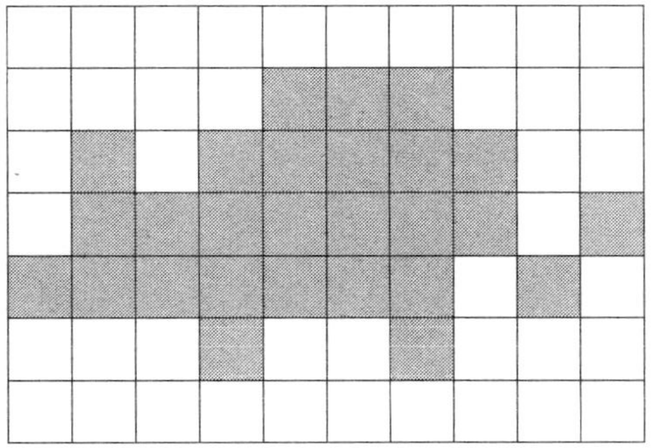

☆洛南高等学校附属小学校

①②2025年 洛南・立命館　過去　無断複製/転載を禁ずる　　日本学習図書株式会社

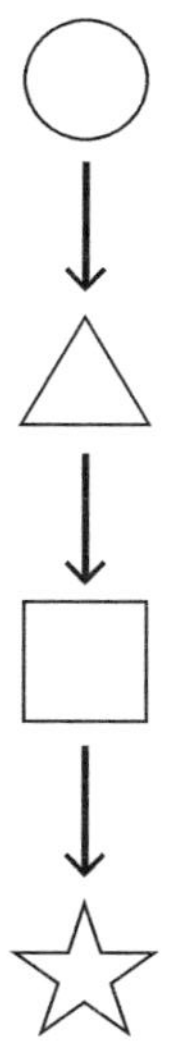

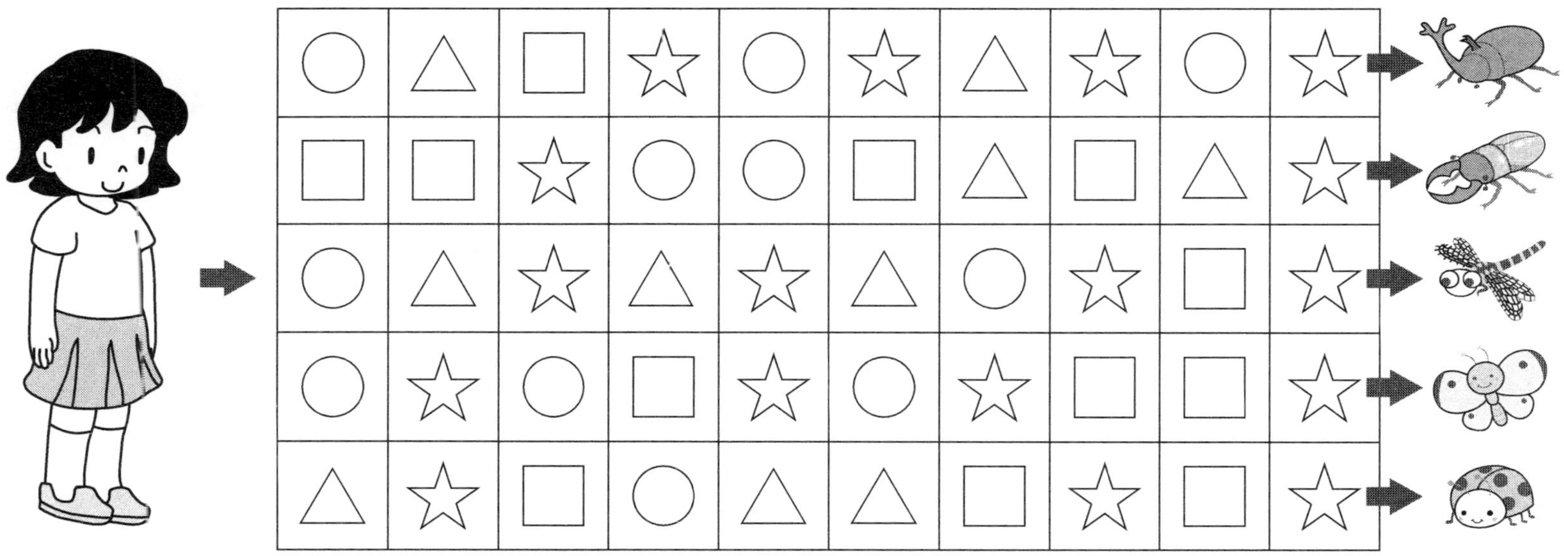

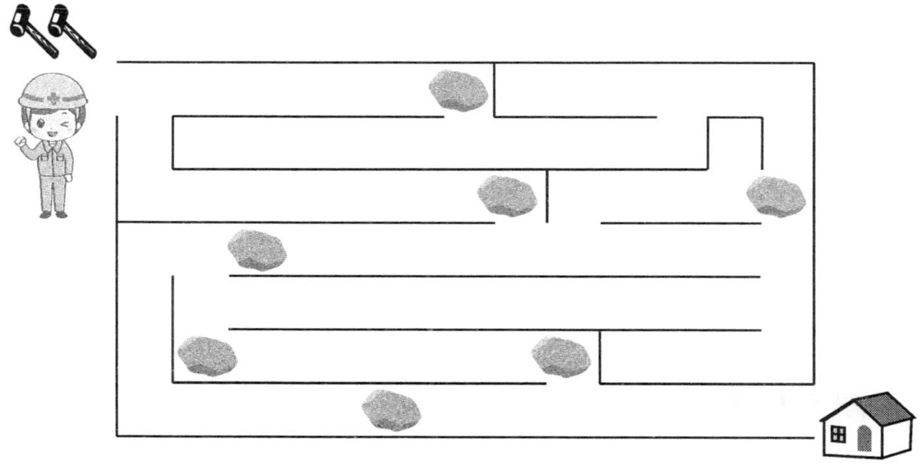

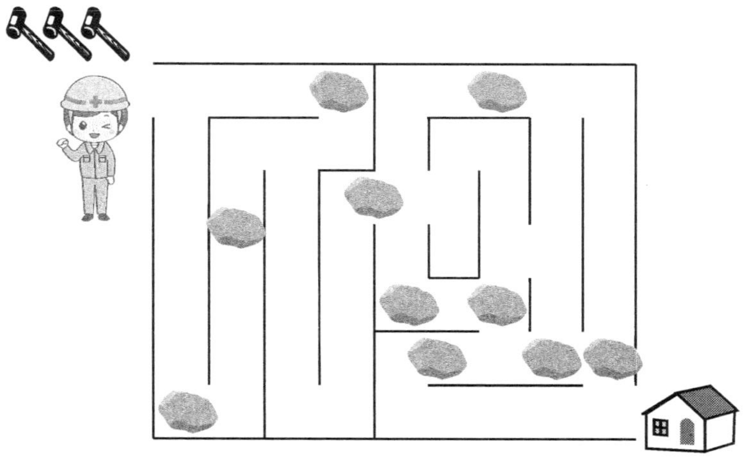

問題１１

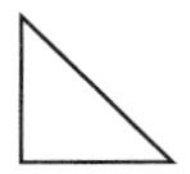

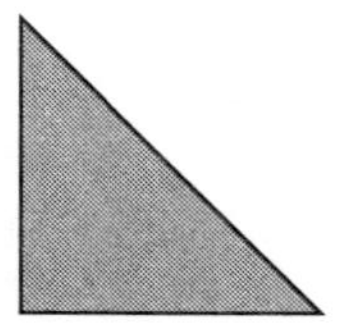

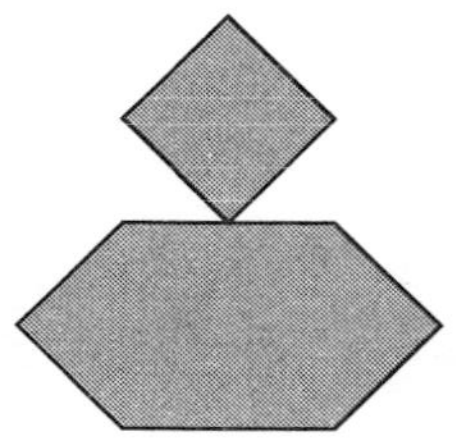

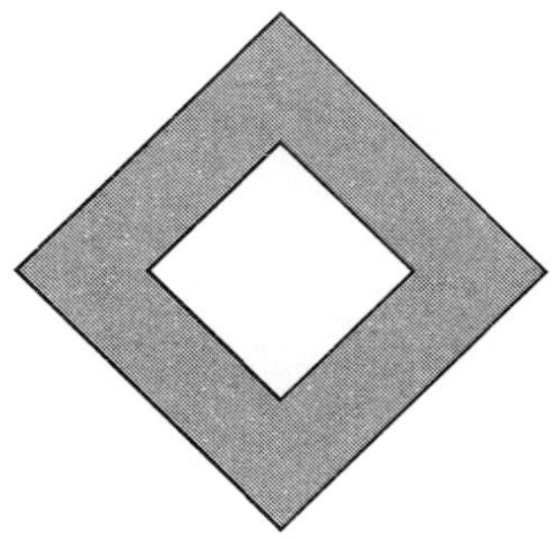

日本学習図書株式会社

問題１２

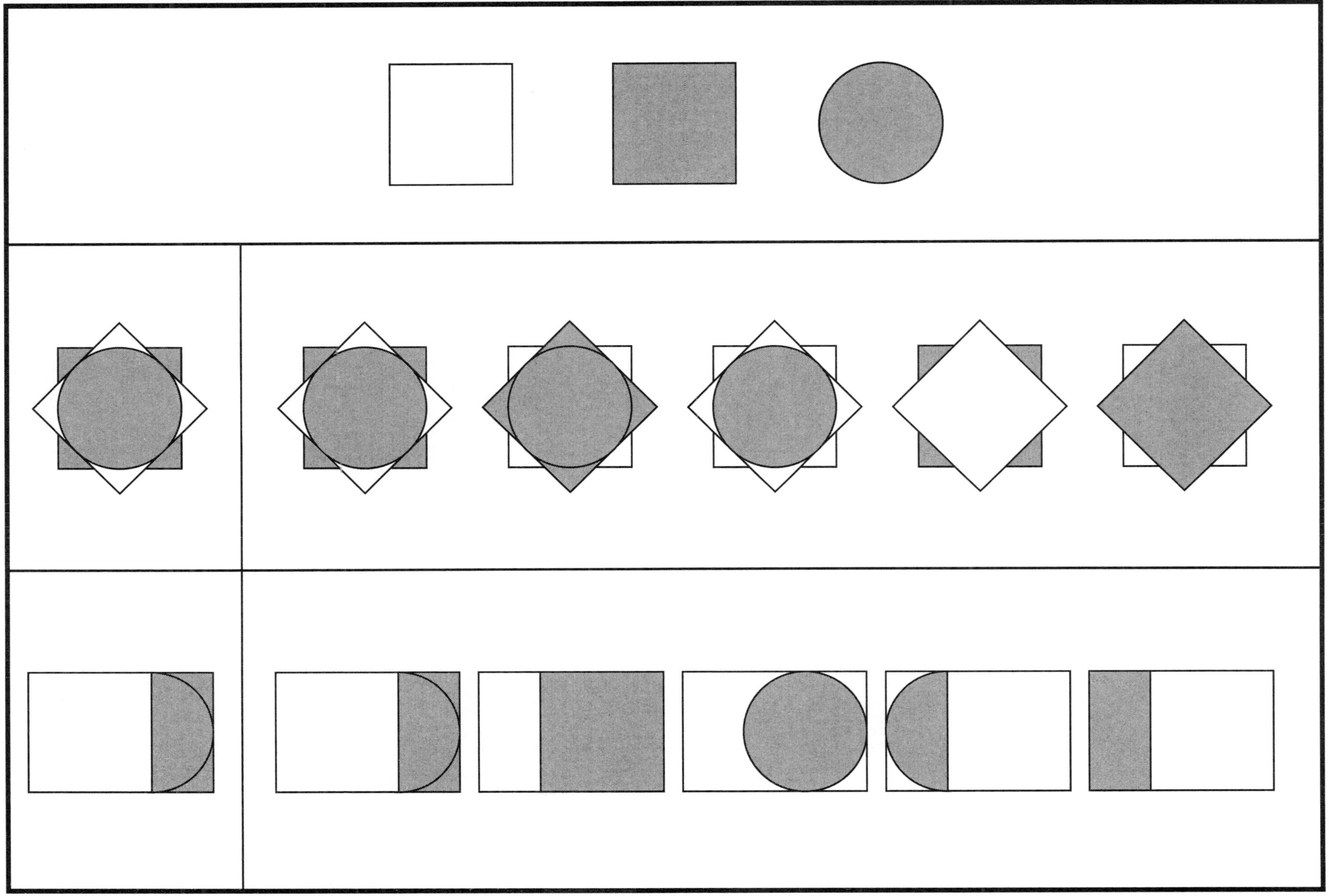

☆洛南高等学校附属小学校

①②

2025 年 洛南・立命館　過去　無断複製／転載を禁ずる　　　　　　日本学習図書株式会社

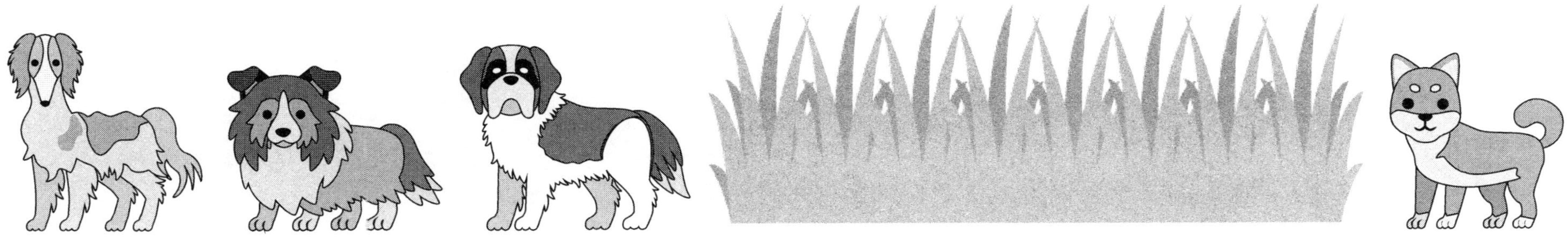

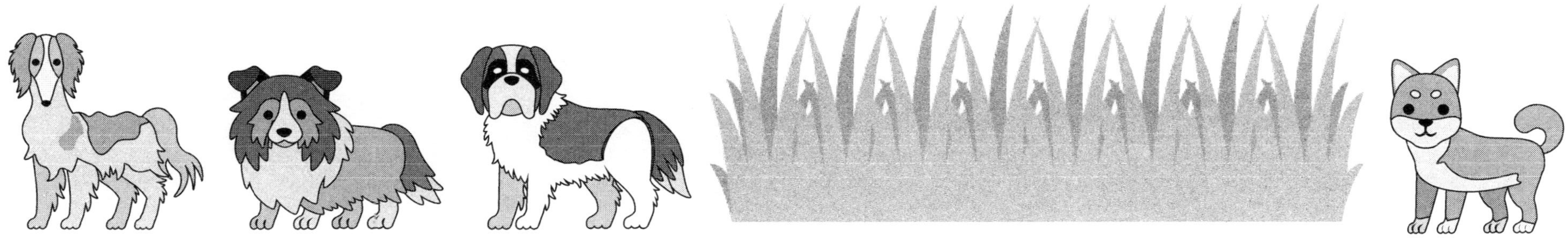

☆洛南高等学校附属小学校

問題１４

①

②

③

問題15

☆沼南高等学校附属小学校

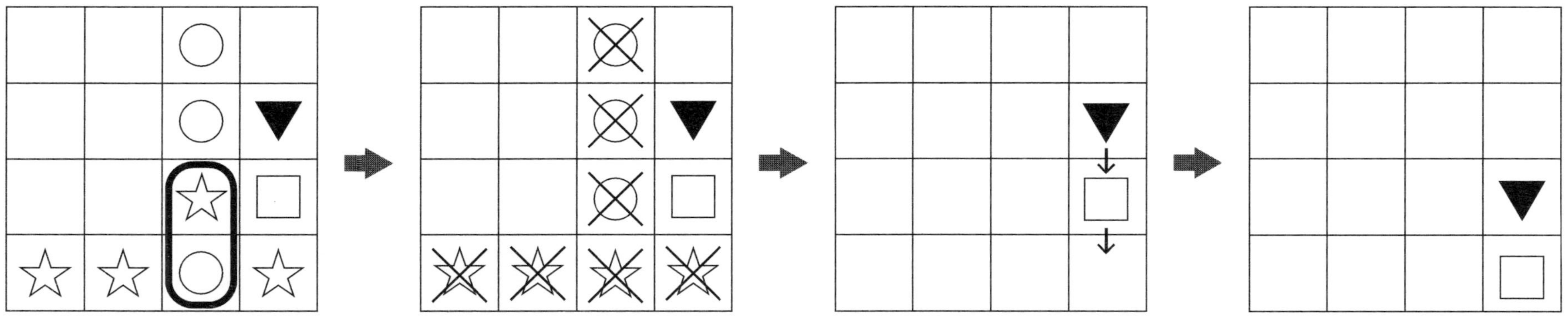

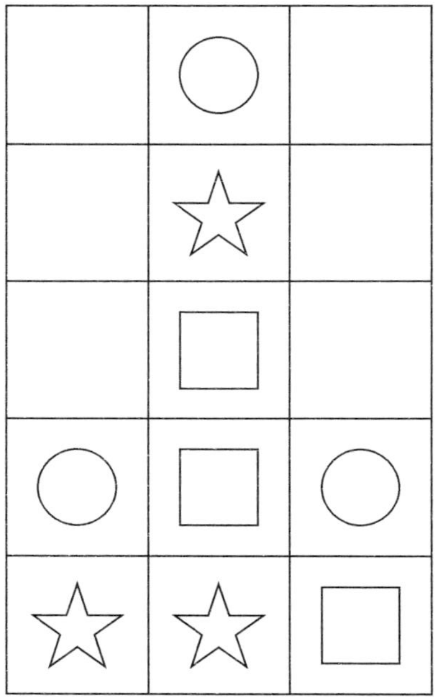

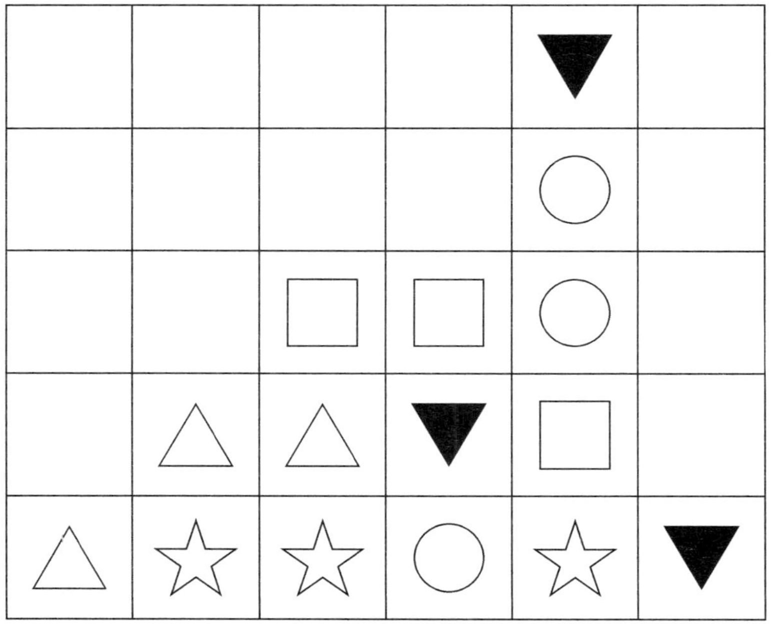

☆洛南高等学校附属小学校

問題16

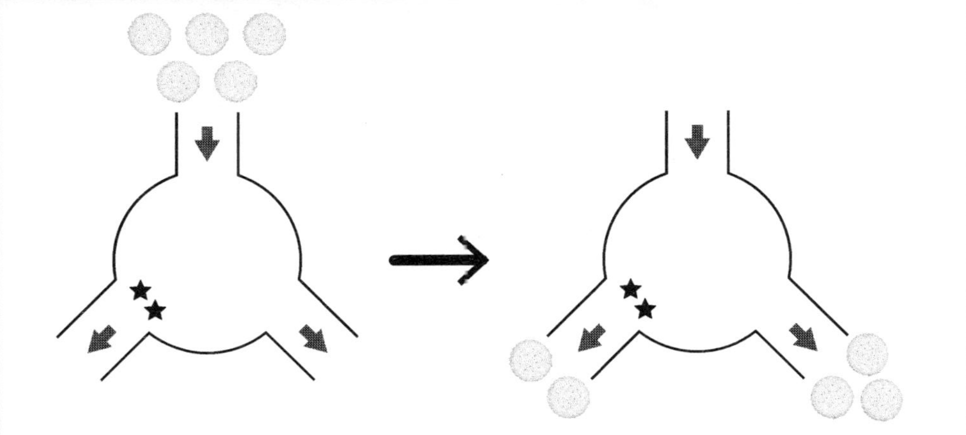

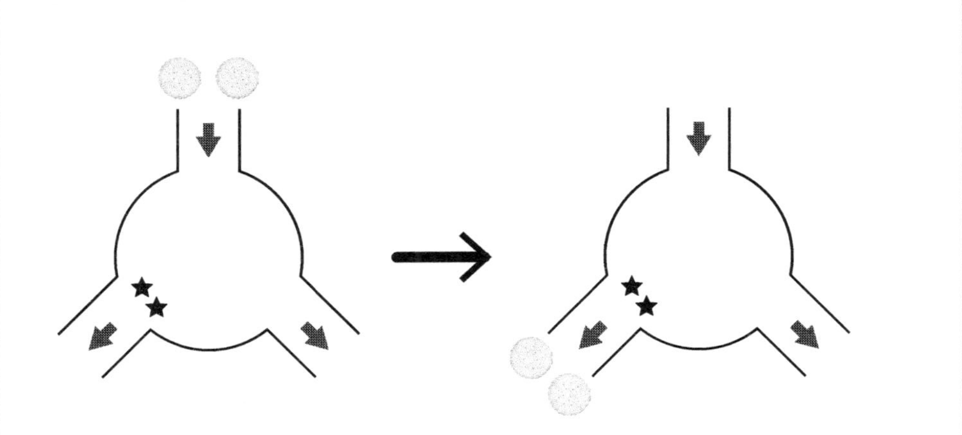

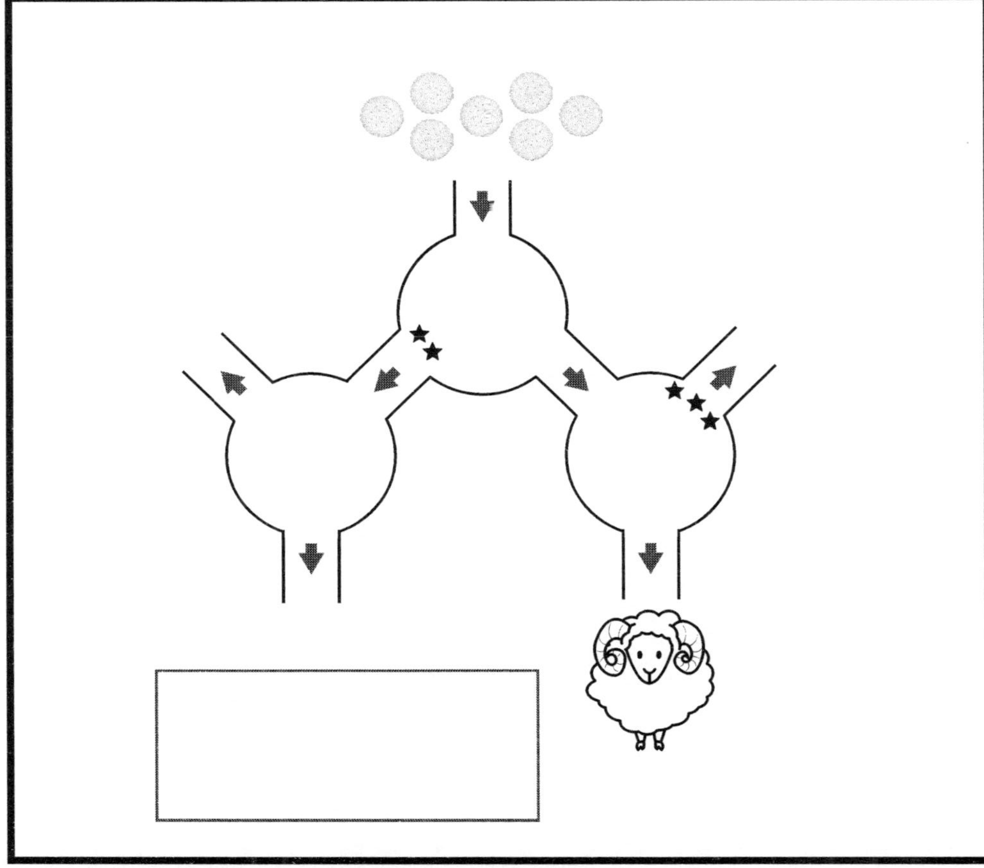

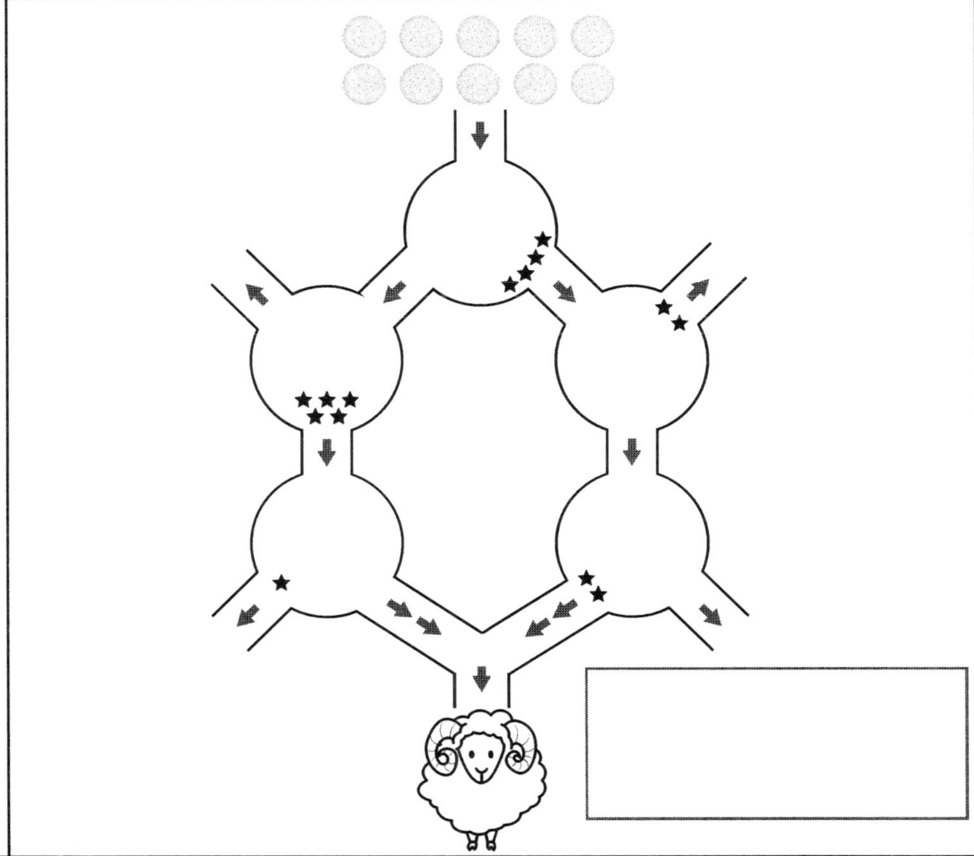

☆洛南高等学校附属小学校

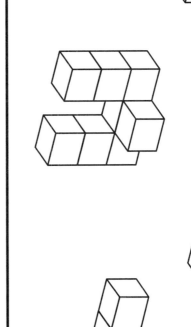

問題１７

①

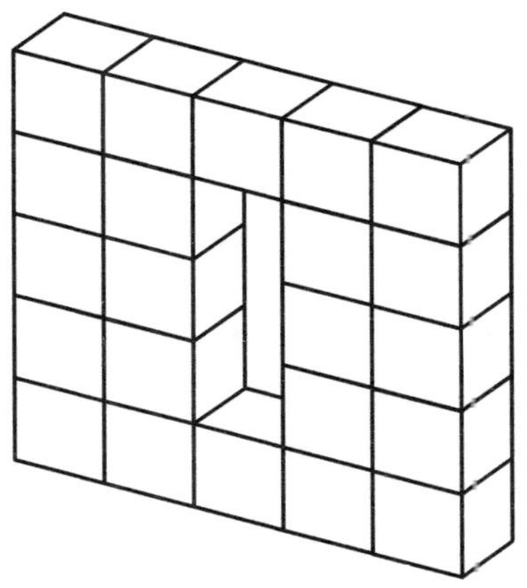

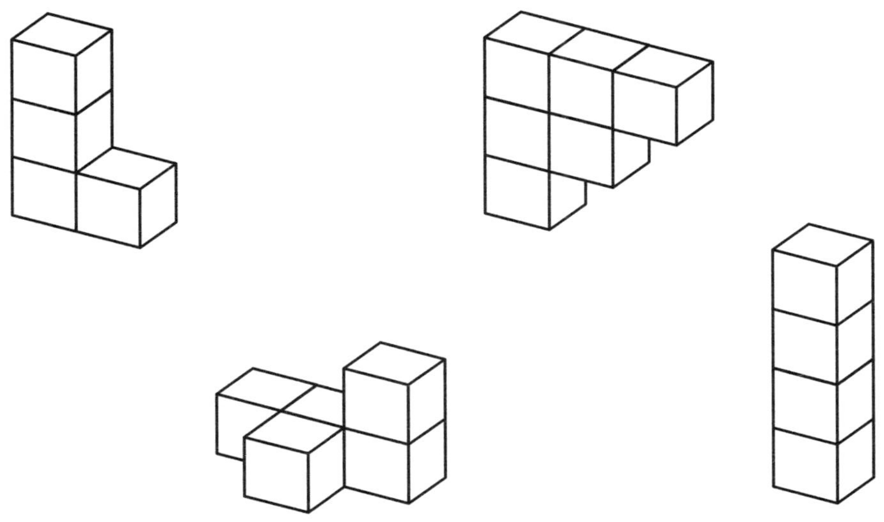

②

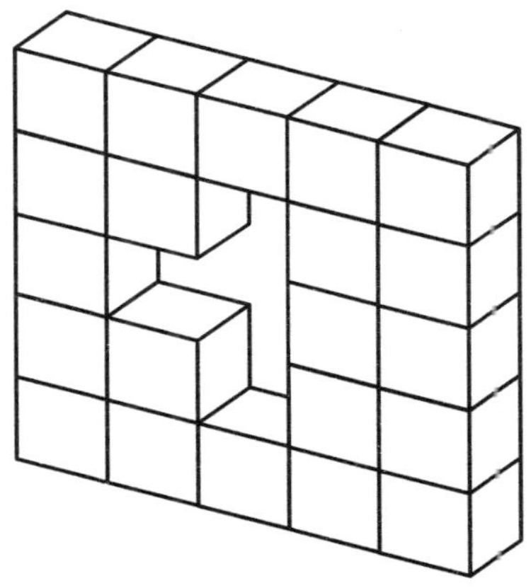

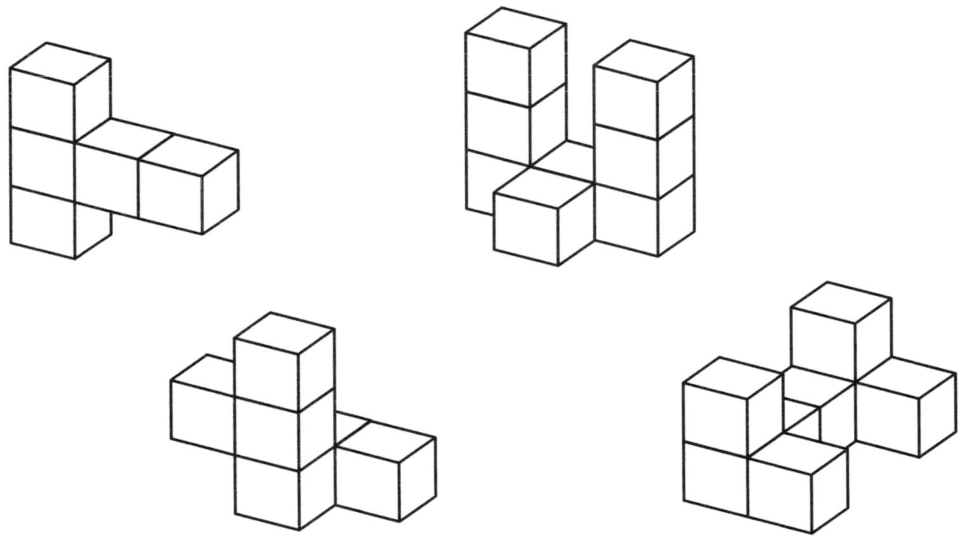

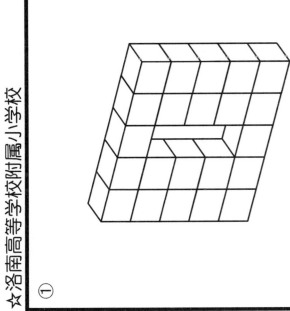

問題18

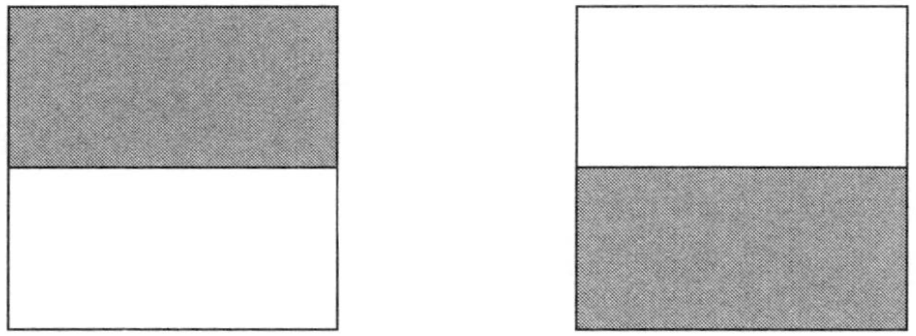

①

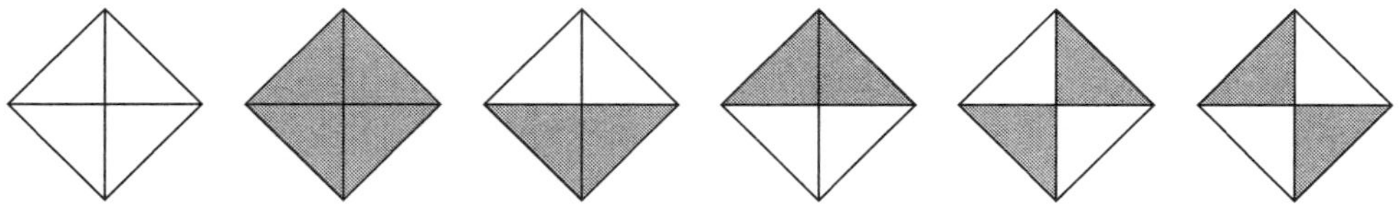

②

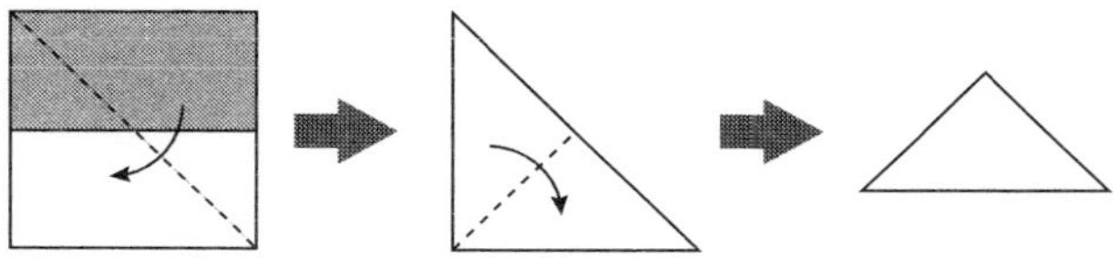

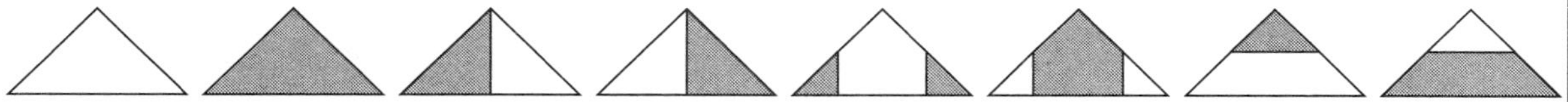

③

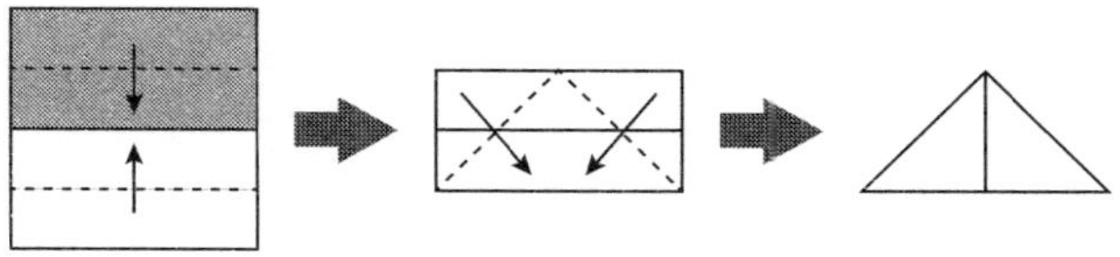

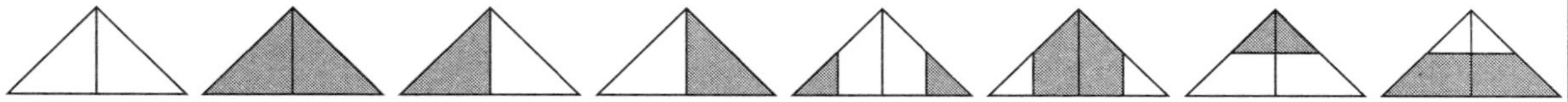

日本学習図書株式会社

問題２１

☆洛南高等学校附属小学校

①

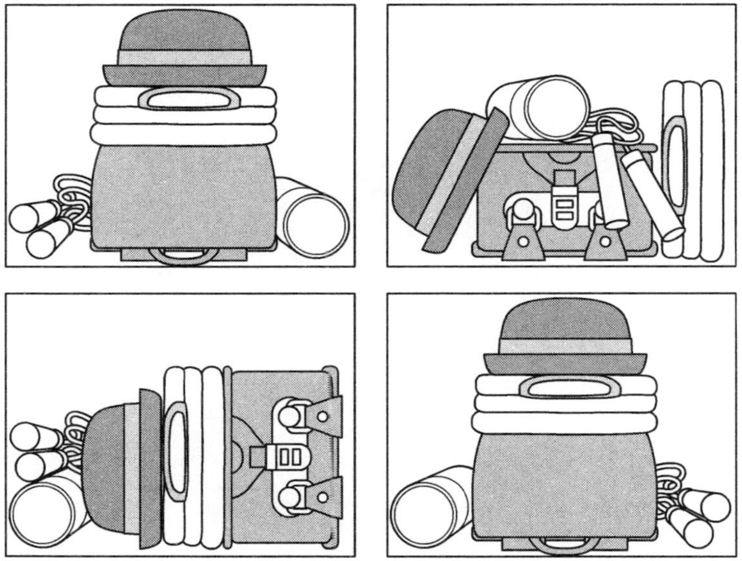

②

③

④

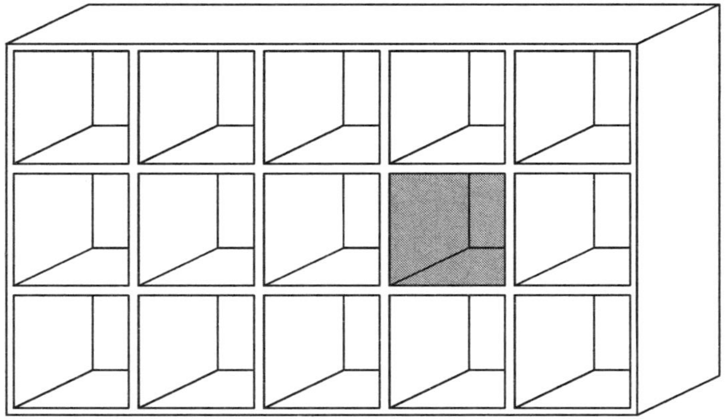

⑤

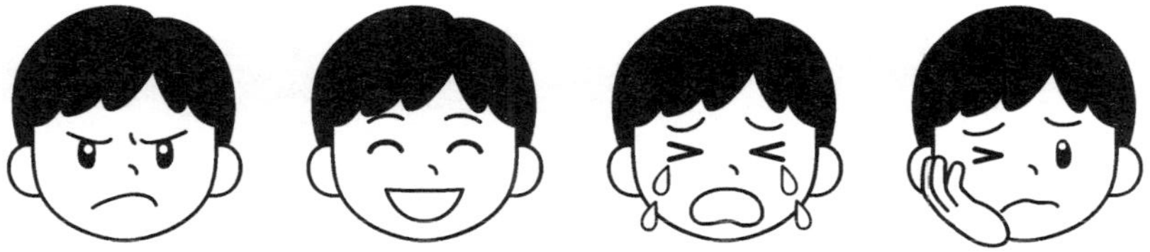

⑥

日本学習図書株式会社

☆洛南高等学校附属小学校

問題２２

☆洛南高等学校附属小学校

問題２３

①

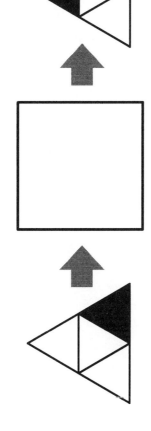

②

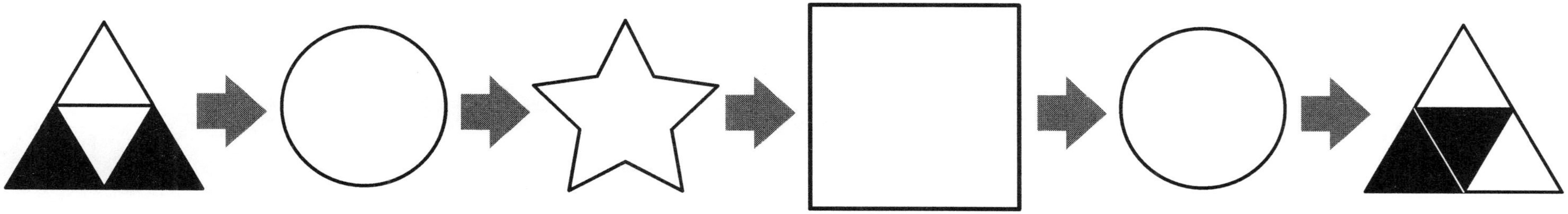

☆洛南高等学校附属小学校

問題２４

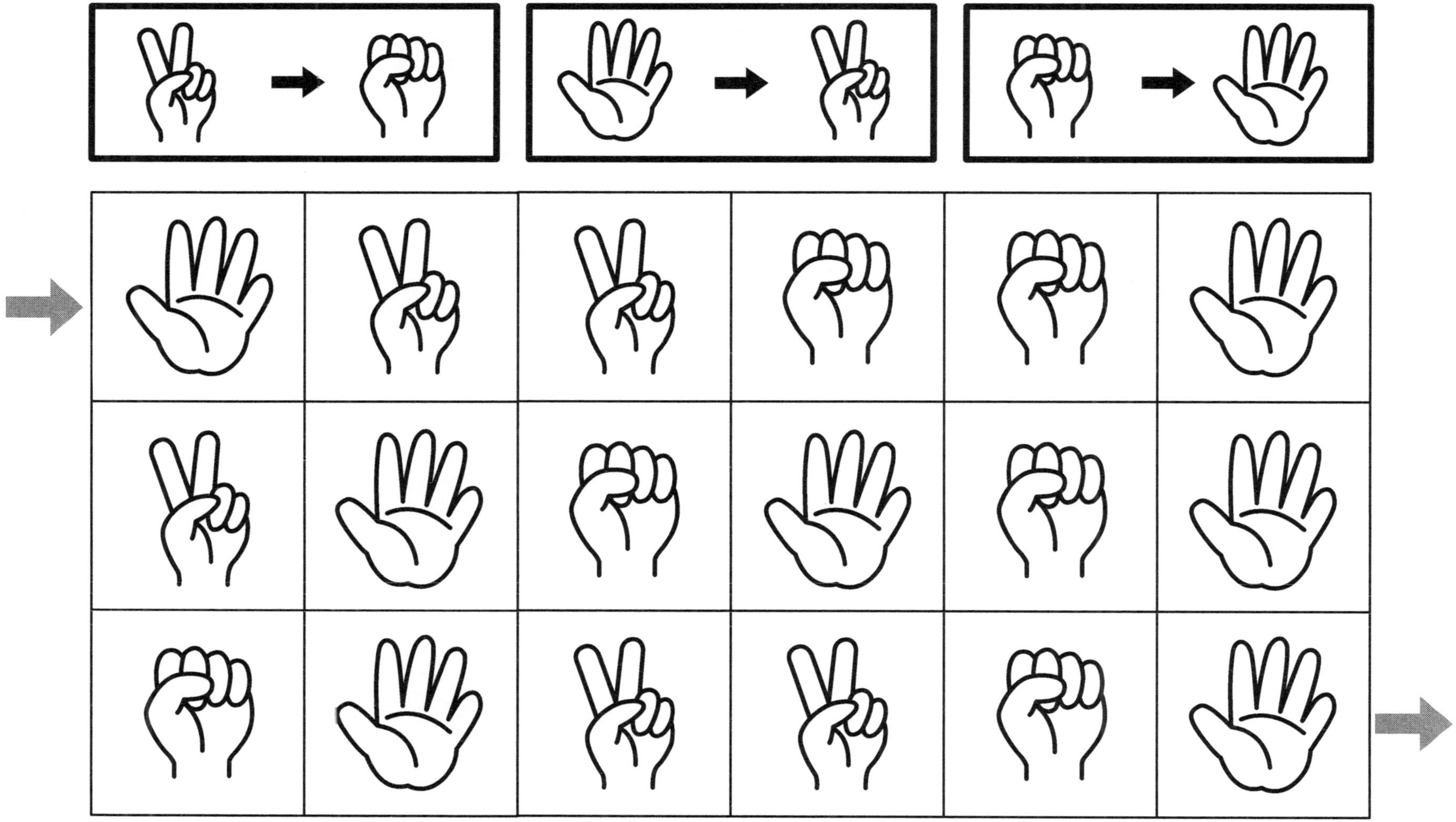

問題２５

☆洛南高等学校附属小学校

①

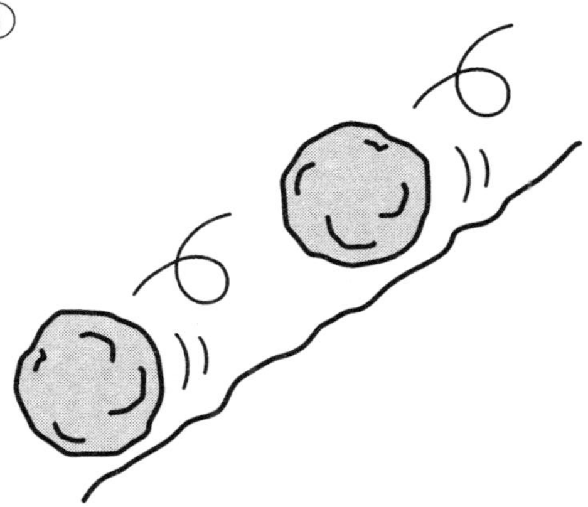

②

③

①

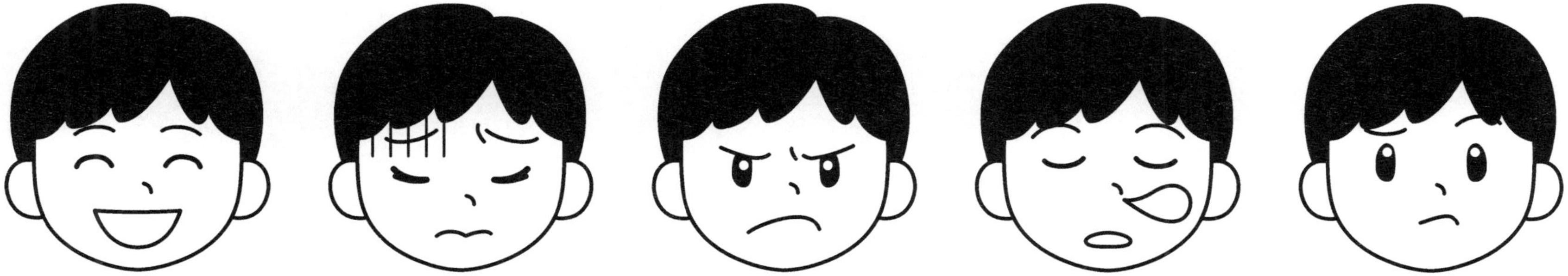

②

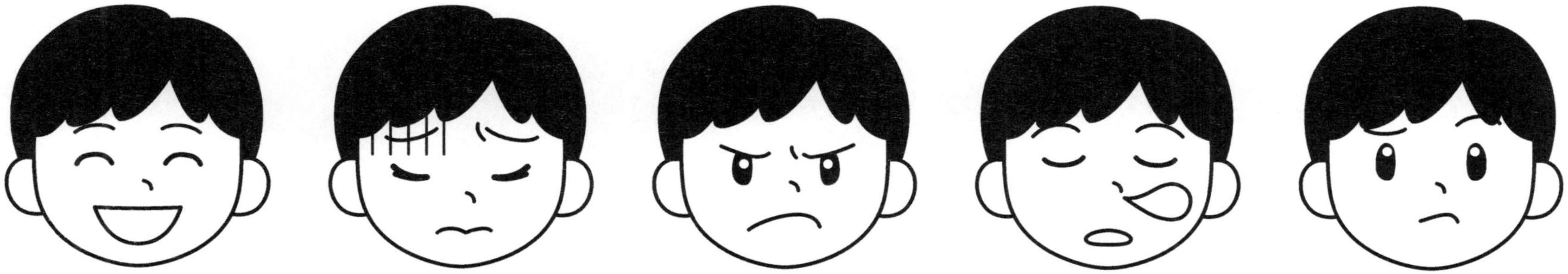

問題２７

☆洛南高等学校附属小学校

①

②

③

④

☆洛南高等学校附属小学校

問題２８

①

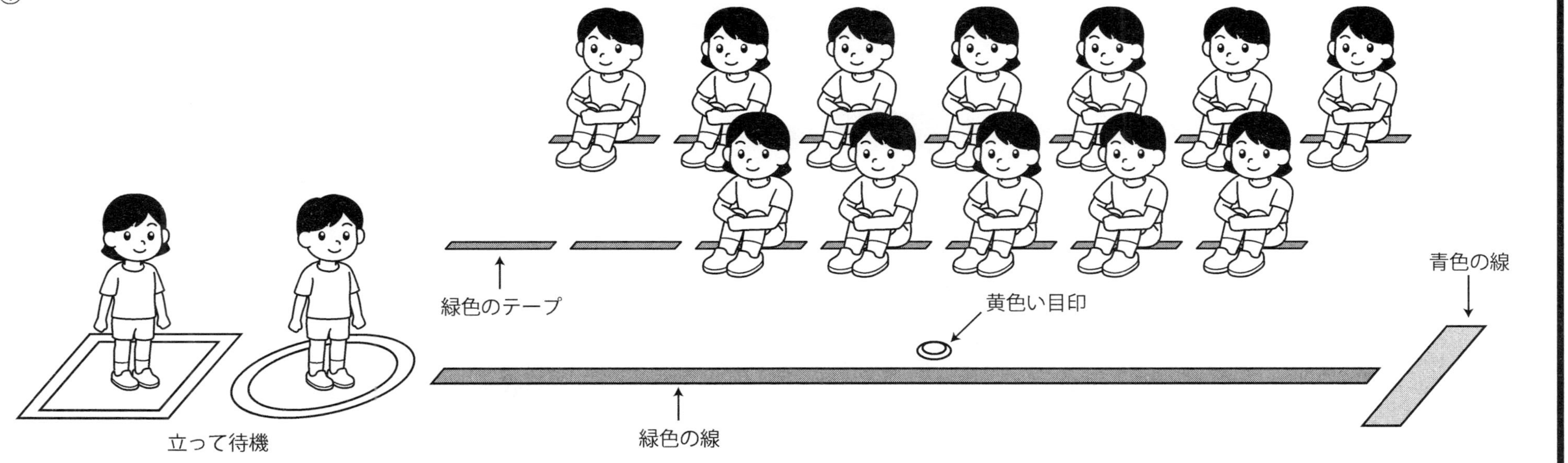

②

③

④

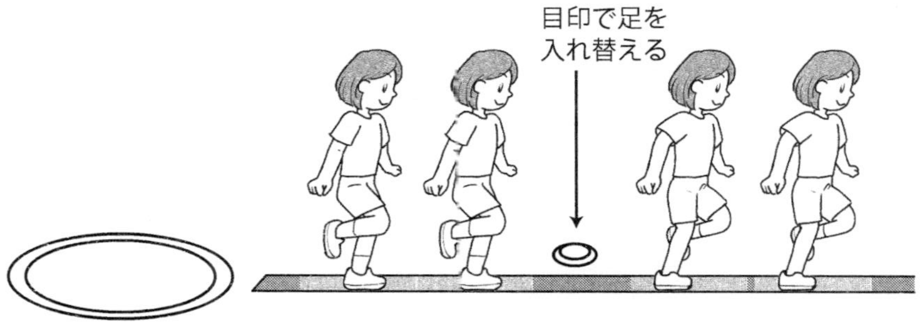

⑤

☆立命館小学校

問題２９

①

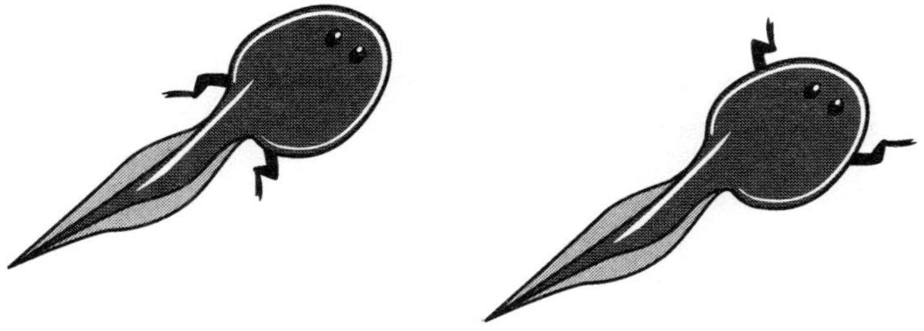

②

③

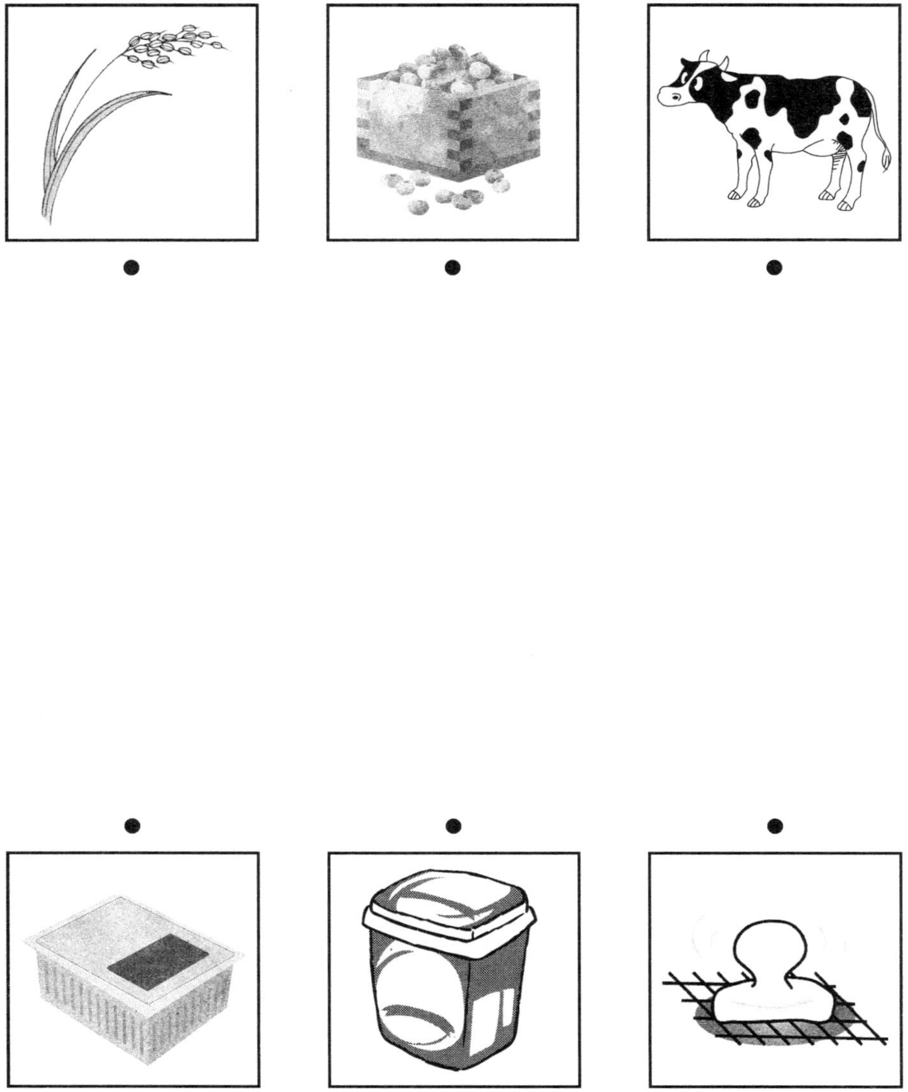

問題30

☆立命館小学校

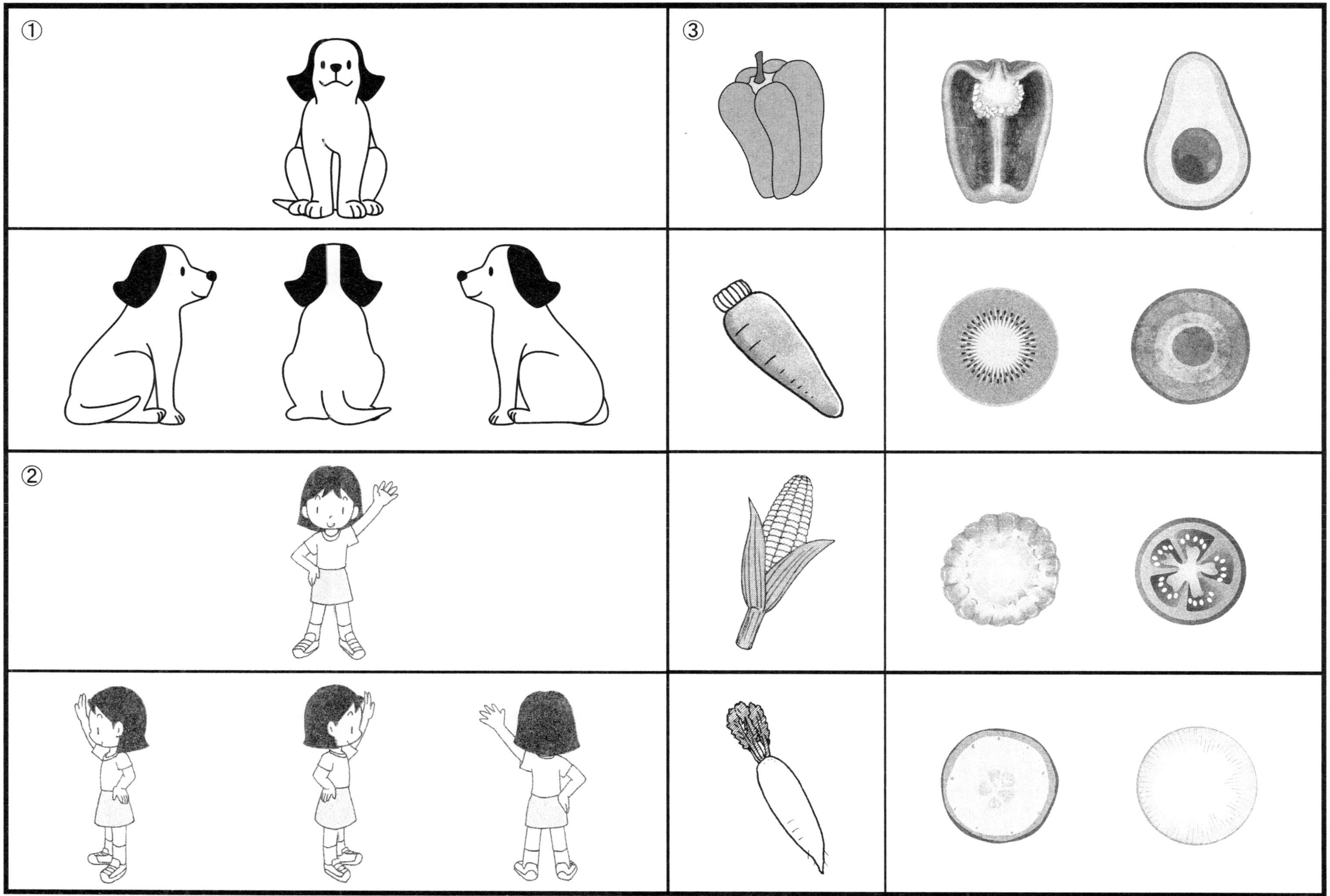

☆立命館小学校

問題３１

①

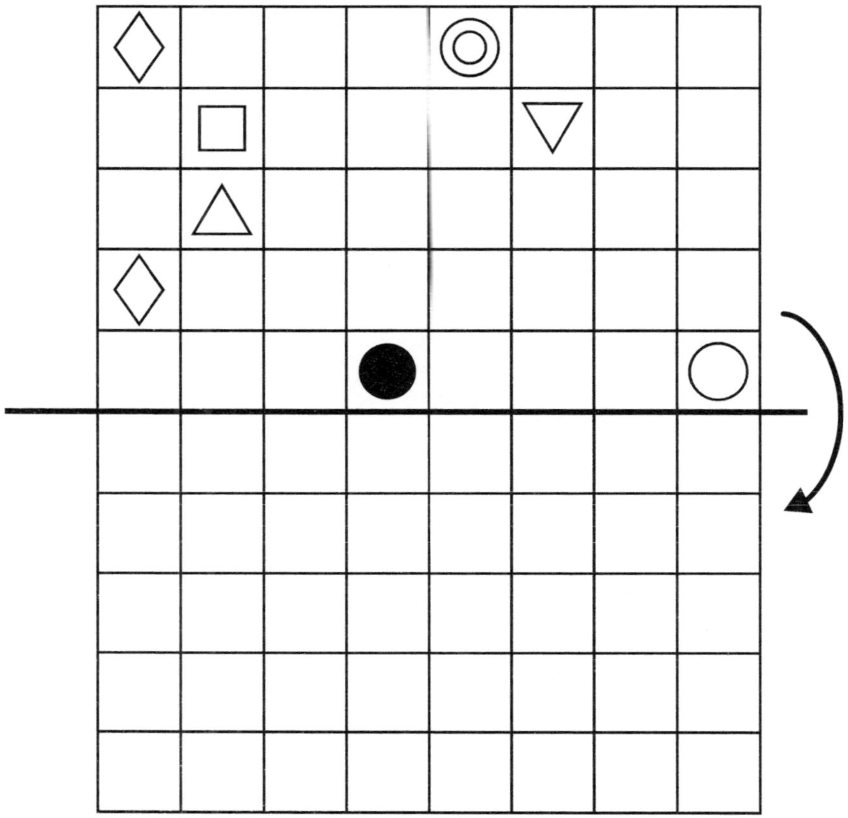

②

日本学習図書株式会社

☆立命館小学校

問題３２

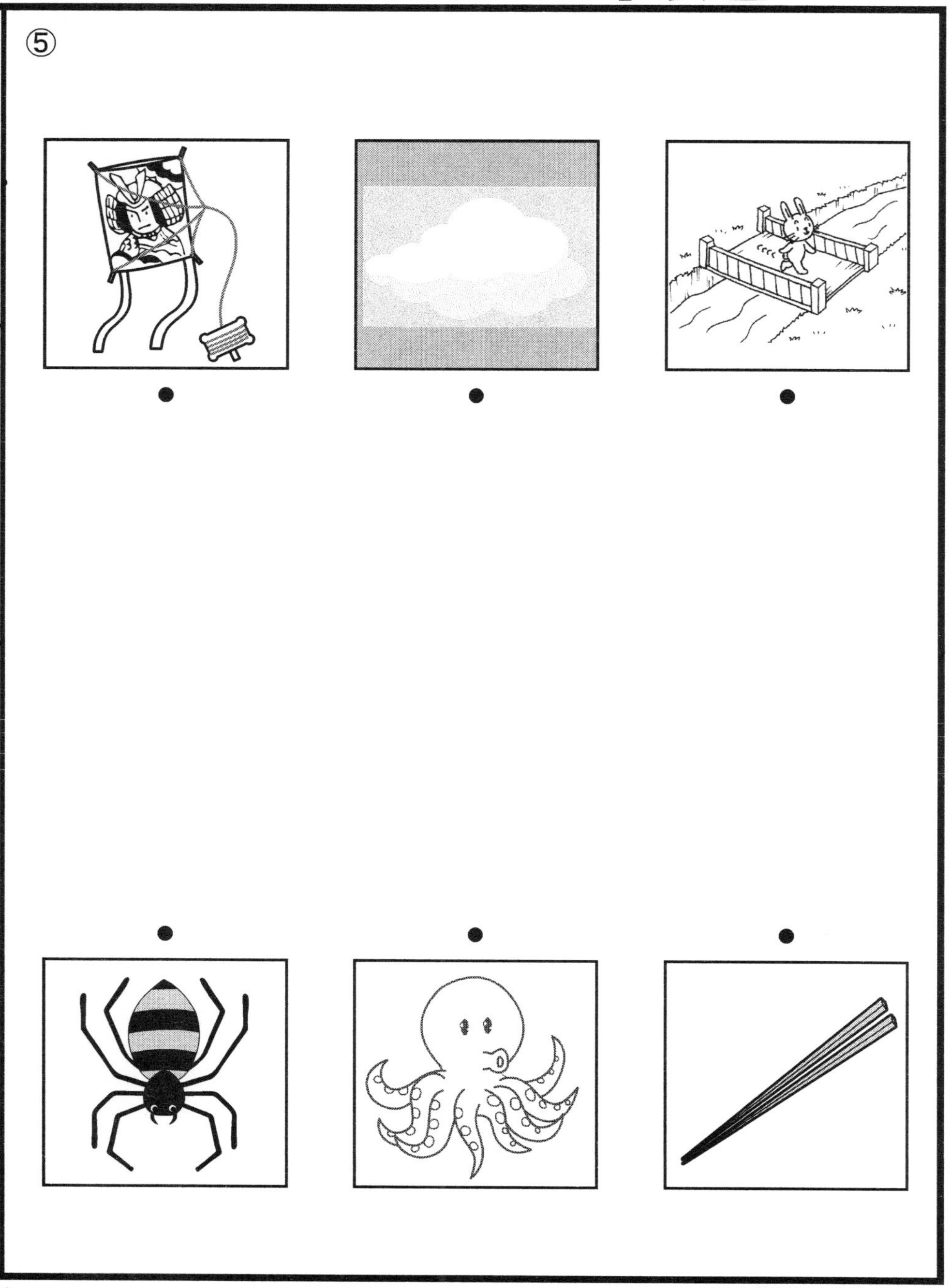

問題３３

①

②

問題３４

①

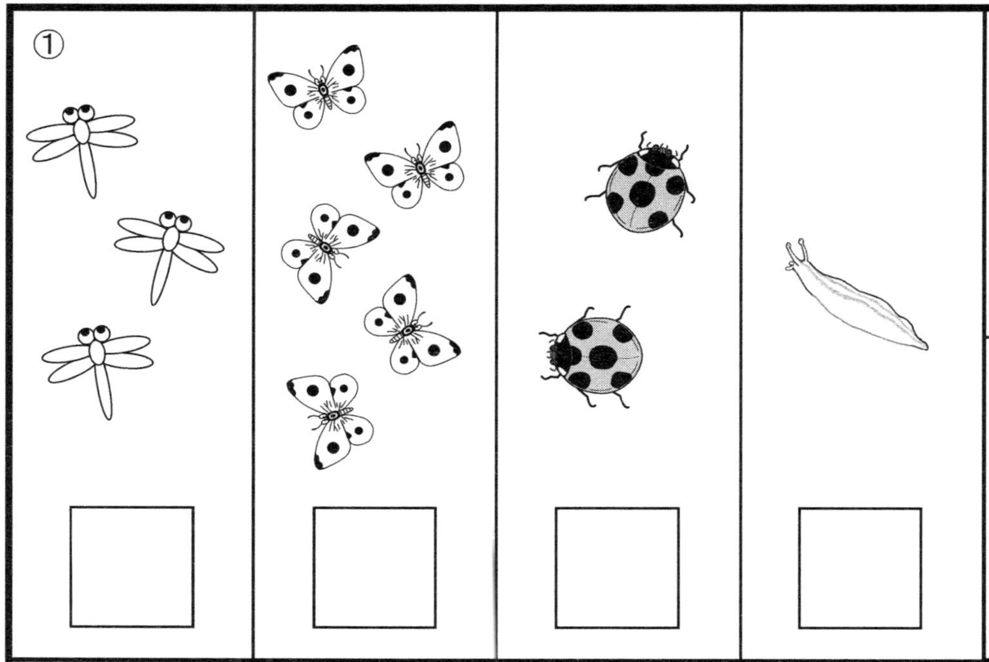

②

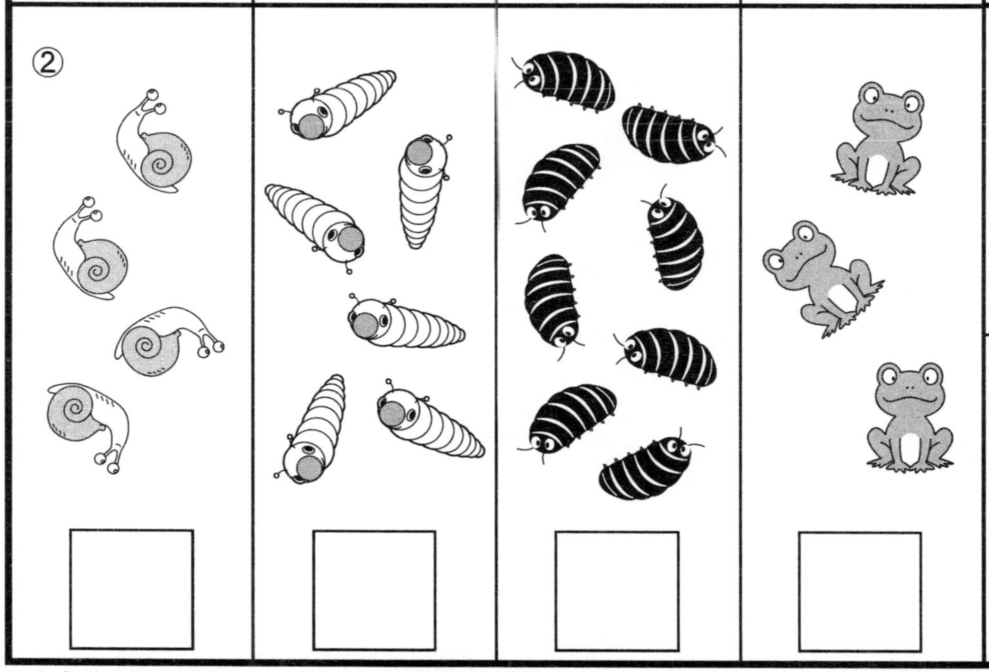

③

問題３５

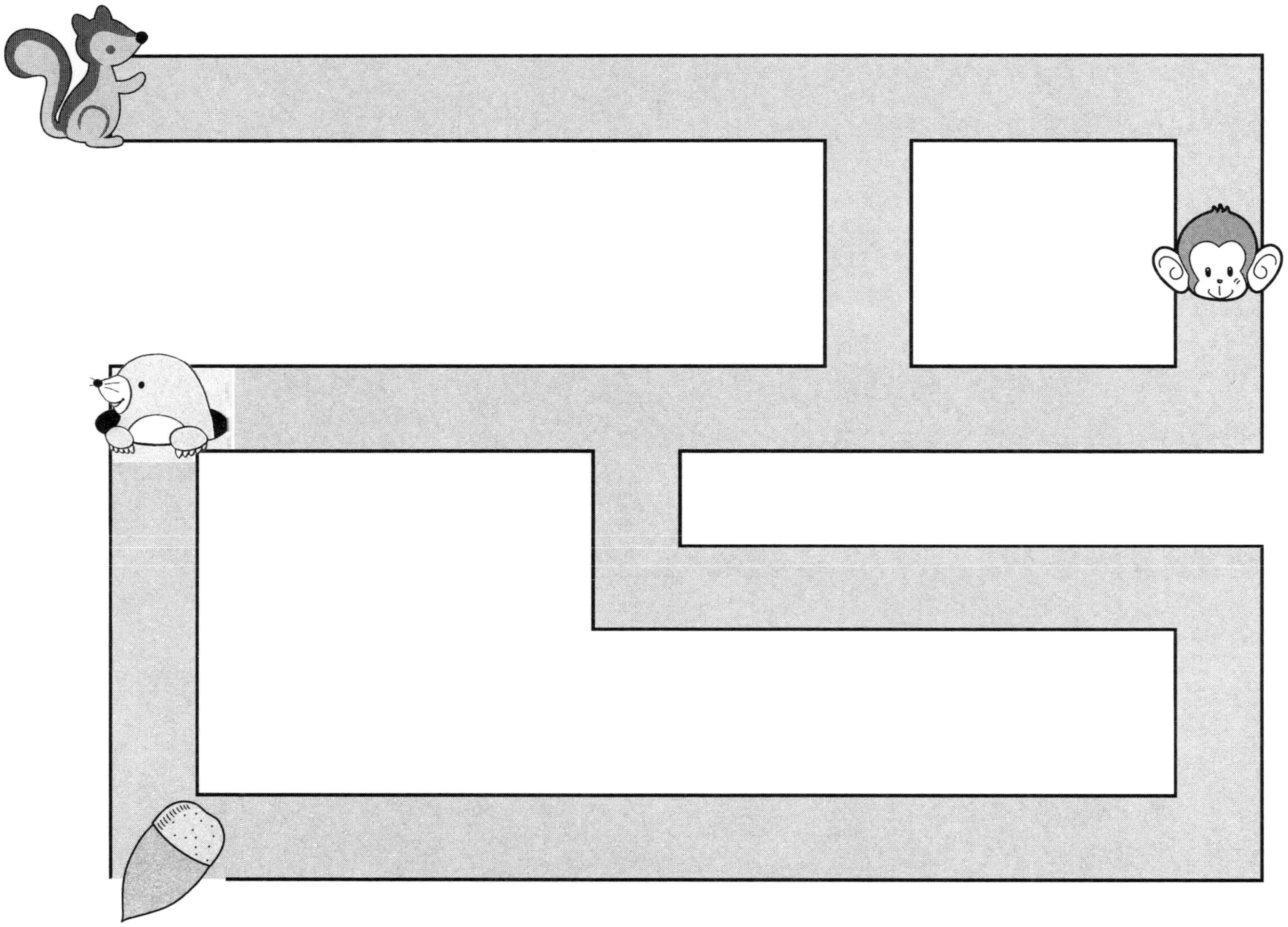

☆立命館小学校

問題３６

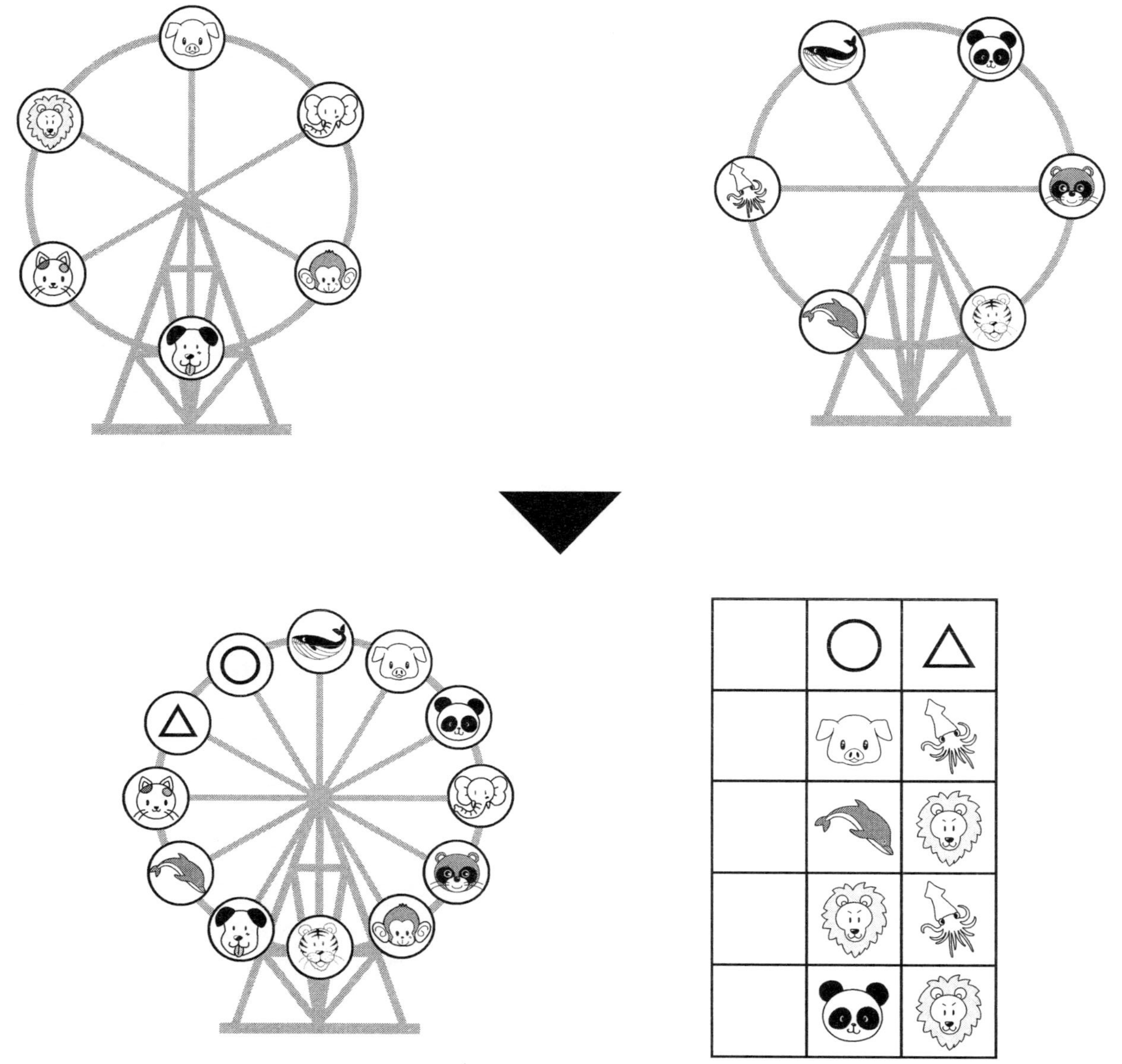

☆立命館小学校

問題３７

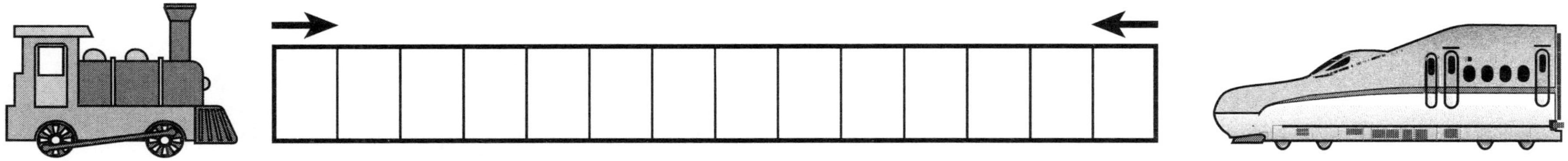

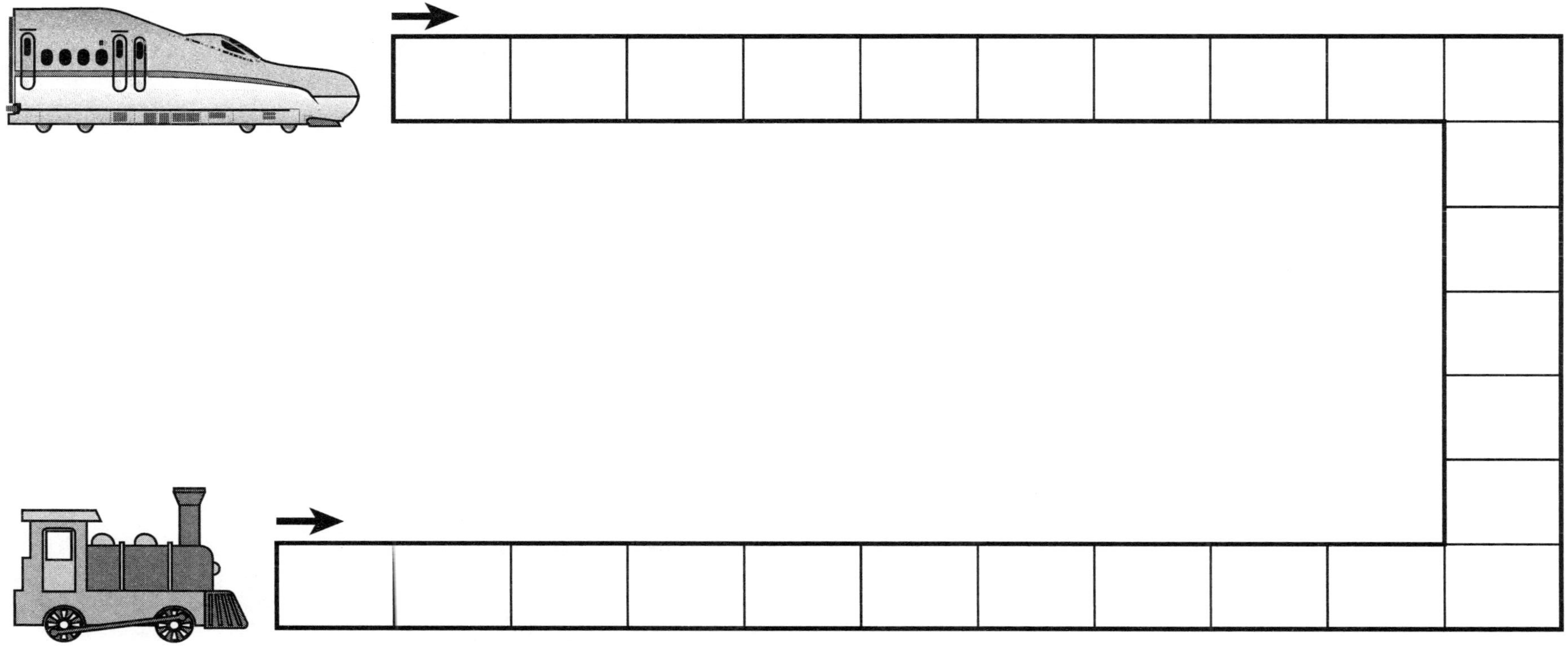

問題38－1

☆立命館小学校

2025 年度 洛南・立命館 過去 無断複製／転載を禁ずる 日本学習図書株式会社

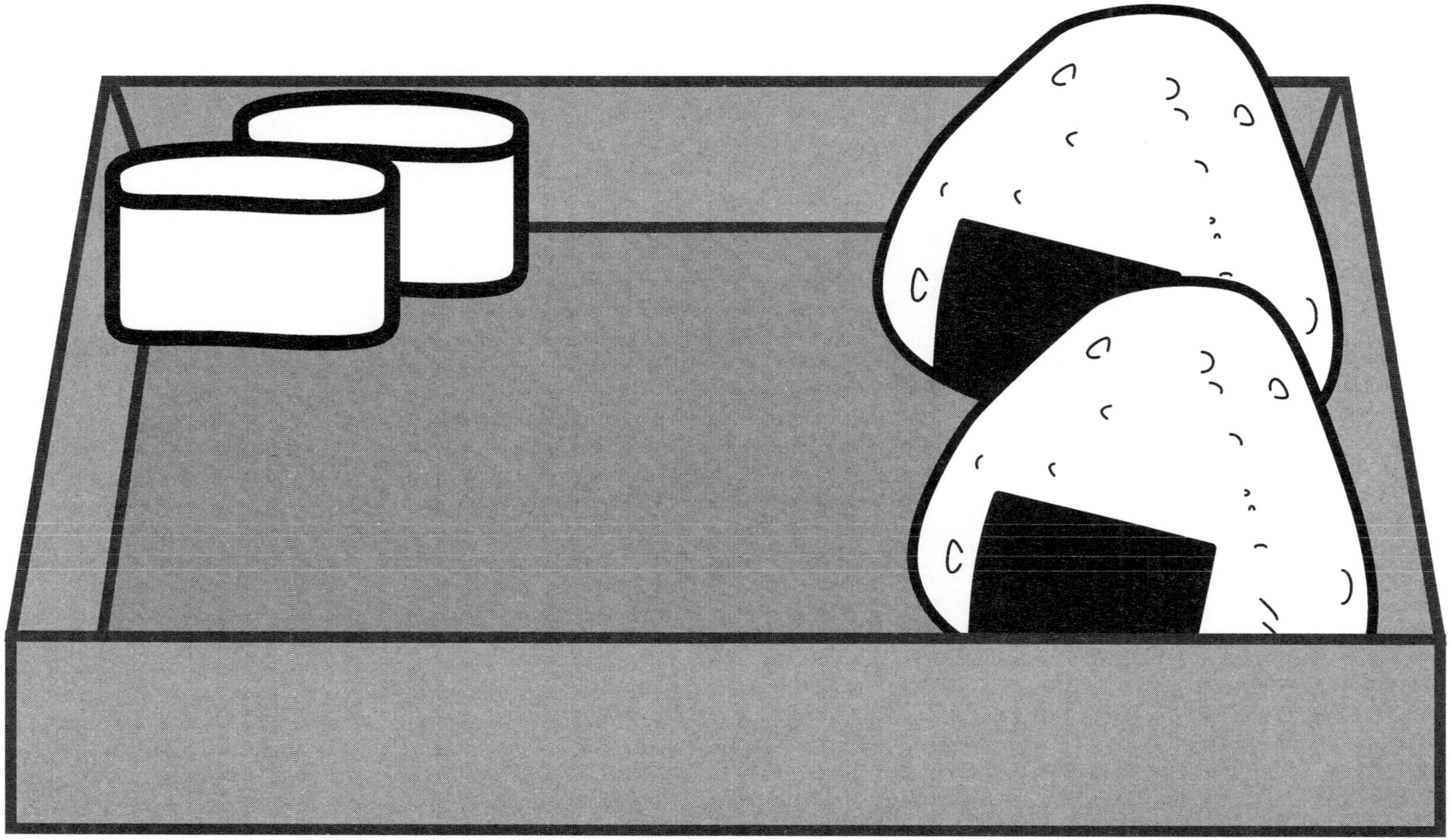

問題４０

☆立命館小学校

問題４２

①

②

③

日本学習図書株式会社

☆立命館小学校

問題４３

①

②

③

問題４４

①

②

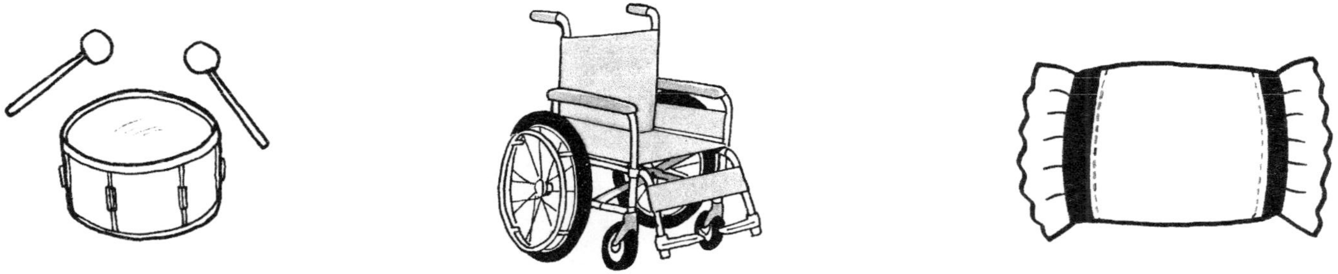

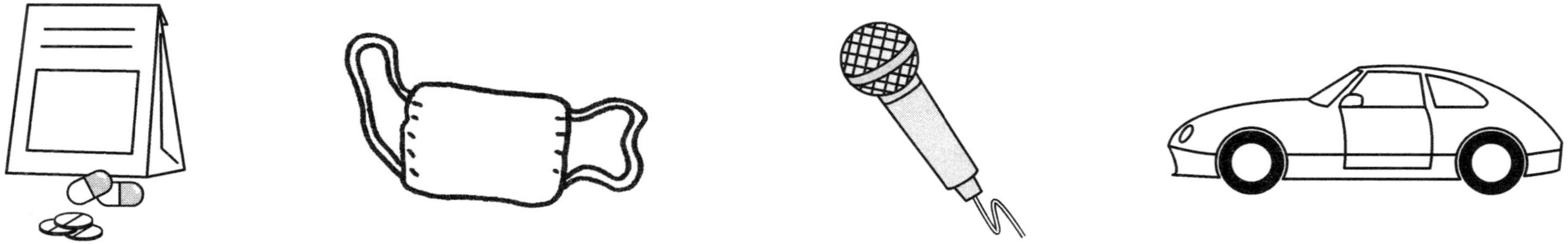

☆立命館小学校

2025 年度 洛南・立命館 過去 無断複製／転載を禁ずる 日本学習図書株式会社

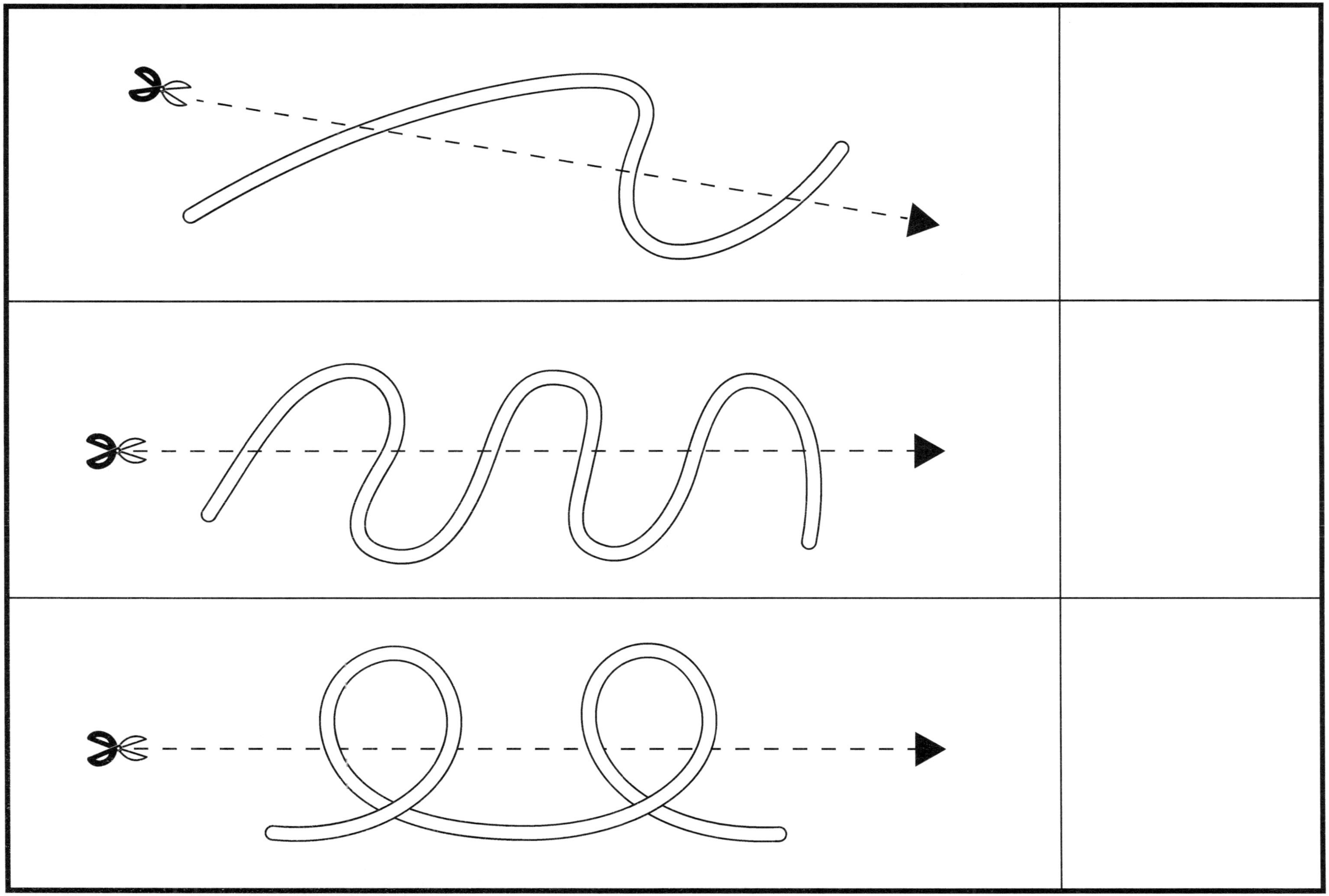

①

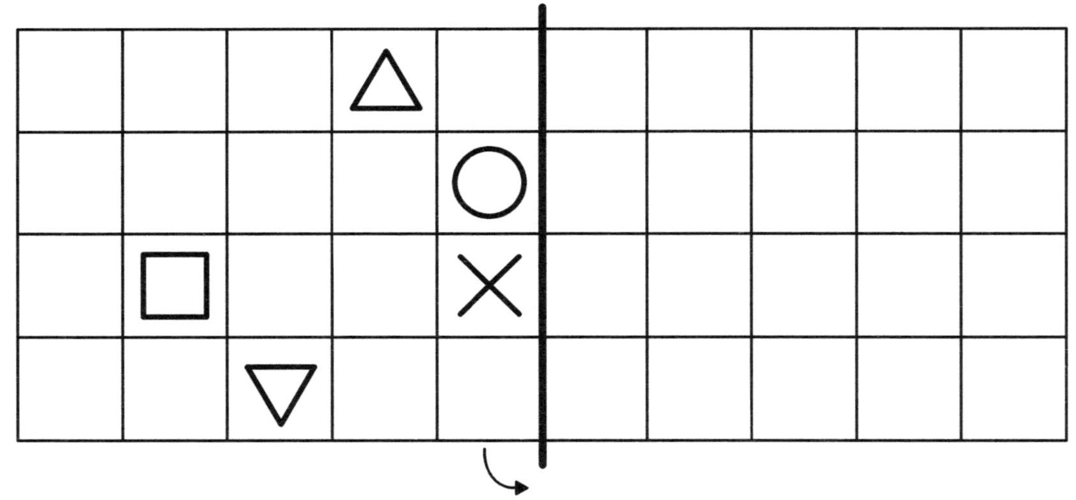

②

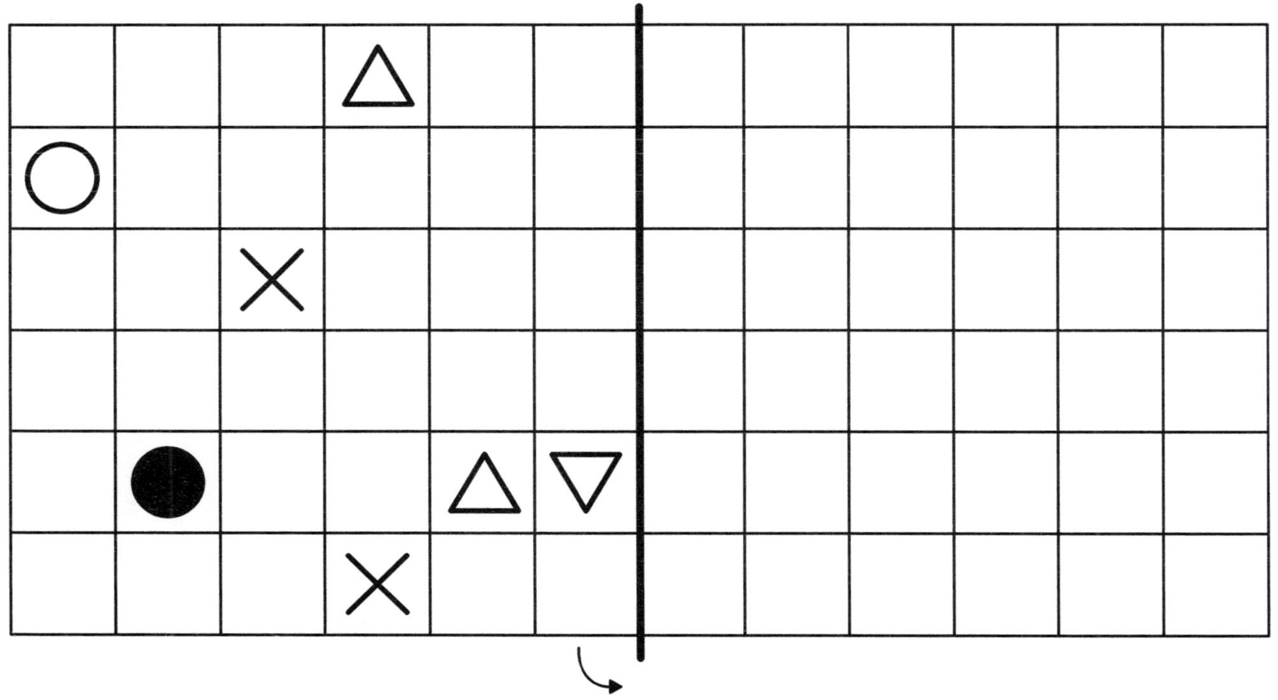

☆立命館小学校

問題４７

①

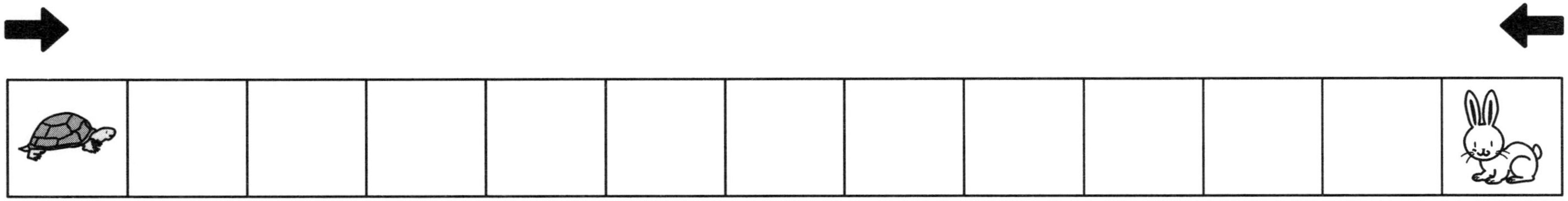

②

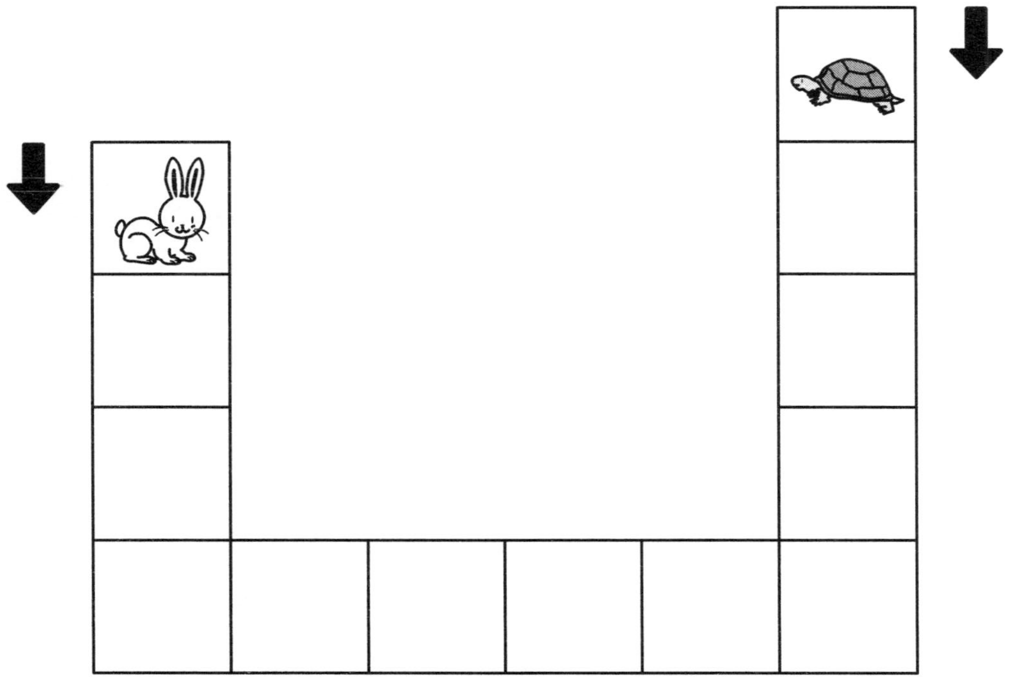

問題４８

①

②

③

☆立命館小学校

問題４９

問題５０

問題５１

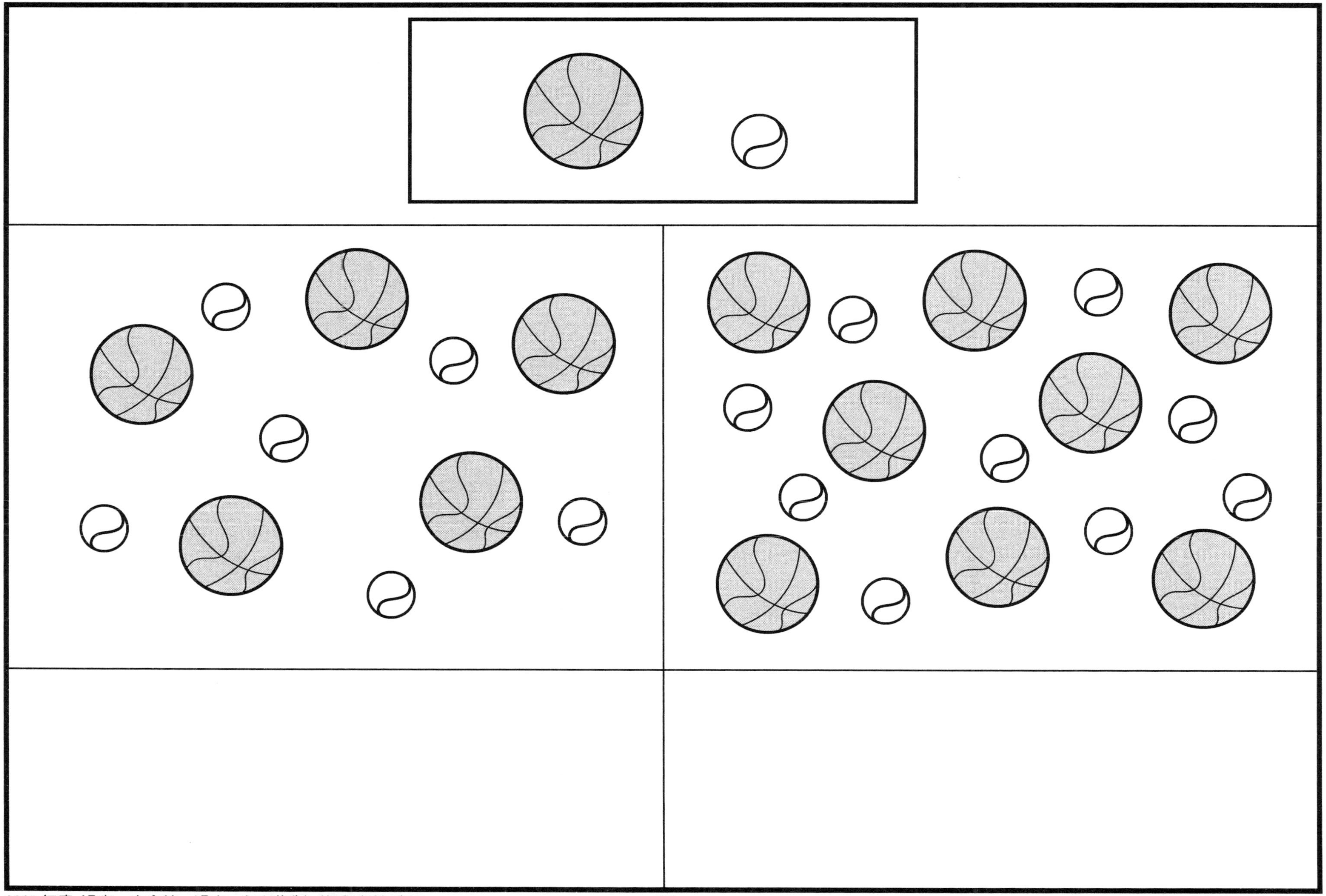

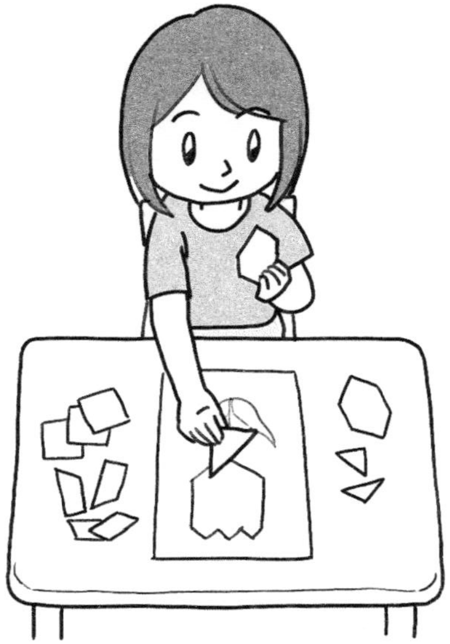

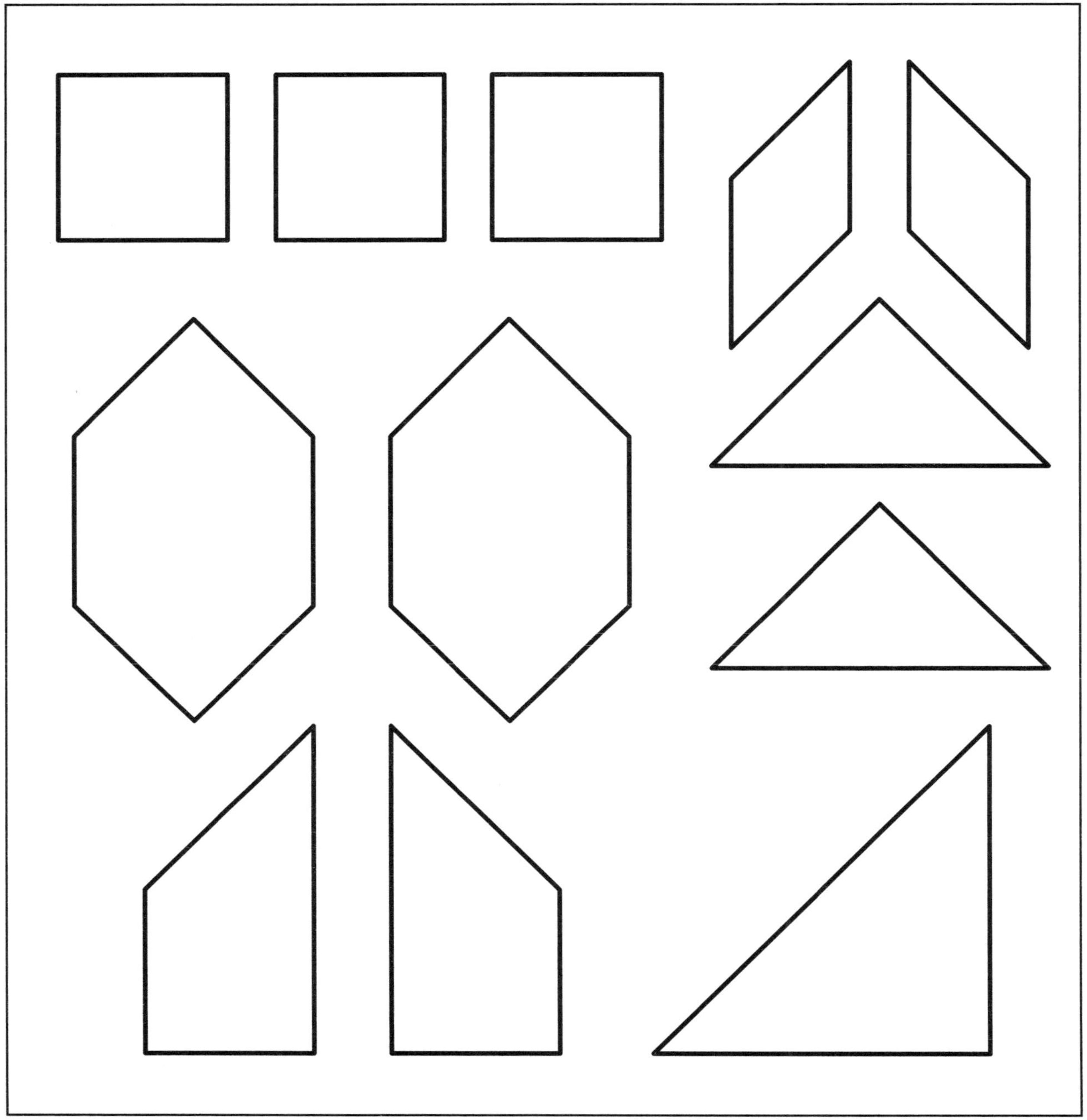

解答

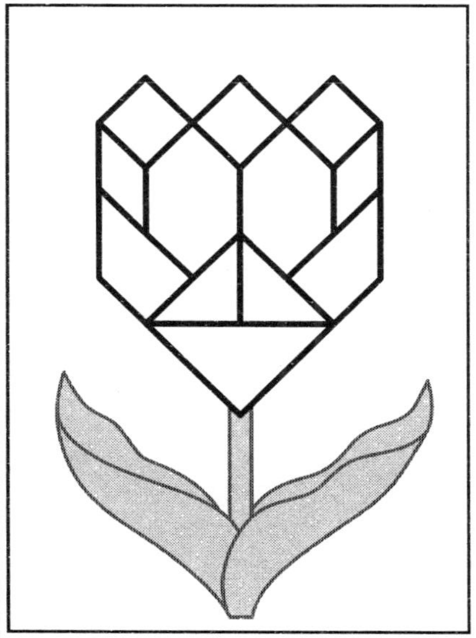

問題5 2－2

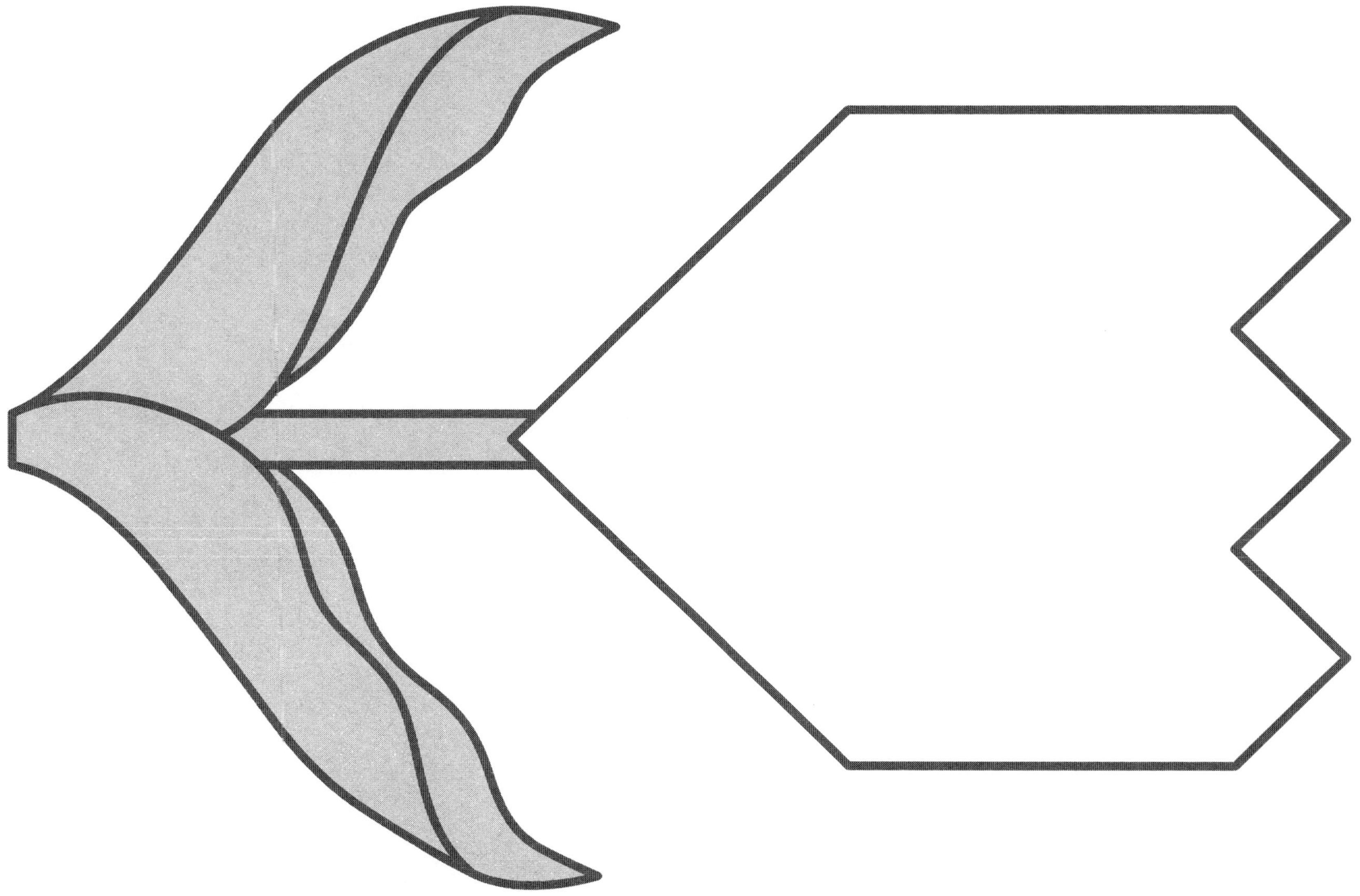

☆立命館小学校

2025 年度 洛南・立命館 過去 無断複製／転載を禁ずる 日本学習図書株式会社

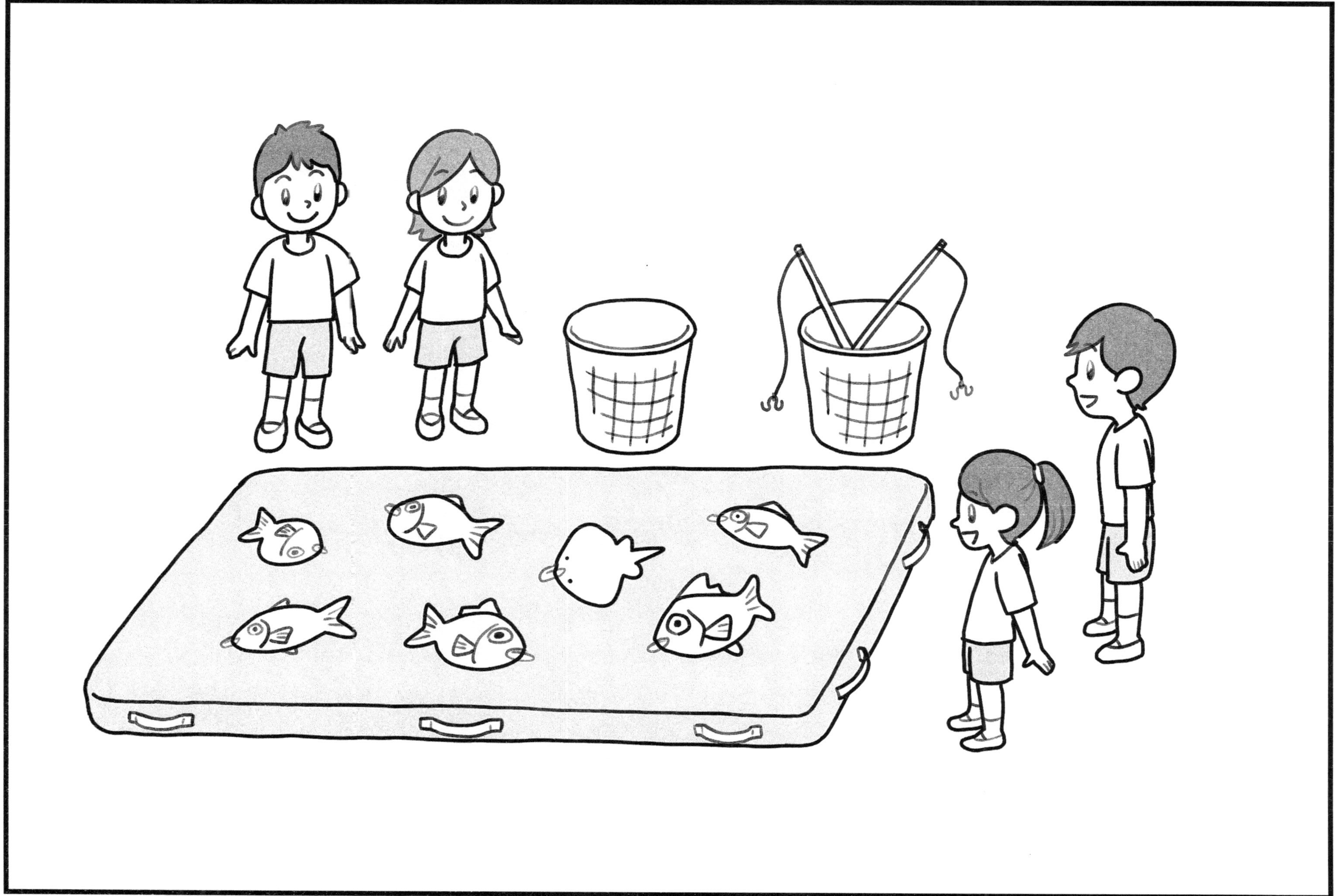

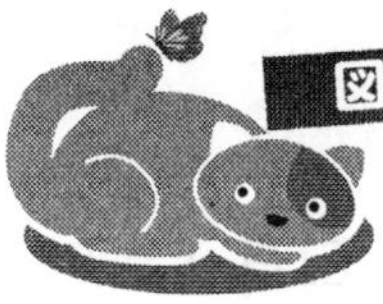

図書カード 1000 円分プレゼント

ご記入日　令和　　年　　月　　日

☆国・私立小学校受験アンケート☆

※可能な範囲でご記入下さい。選択肢は○で囲んで下さい。

〈小学校名〉＿＿＿＿＿＿＿＿＿＿＿＿＿　〈お子さまの性別〉男・女　〈誕生月〉＿＿月

〈その他の受験校〉（複数回答可）＿＿＿＿＿＿＿＿＿＿＿＿＿＿＿＿＿＿＿＿

〈受験日〉①：＿＿月＿＿日　〈時間〉＿＿時＿＿分　～　＿＿時＿＿分

②：＿＿月＿＿日　〈時間〉＿＿時＿＿分　～　＿＿時＿＿分

〈受験者数〉　男女計＿＿名　（男子＿＿名　女子＿＿名）

〈お子さまの服装〉＿＿＿＿＿＿＿＿＿＿＿＿＿＿＿＿

〈入試全体の流れ〉（記入例）準備体操→行動観察→ペーパーテスト

＿＿＿＿＿＿＿＿＿＿＿＿＿＿＿＿＿＿＿＿＿＿＿＿＿＿＿＿

Eメールによる情報提供

日本学習図書では、Eメールでも入試情報を募集しております。

下記のアドレスに、アンケートの内容をご入力の上、メールをお送り下さい。

ojuken@nichigaku.jp

●行動観察　（例）好きなおもちゃで遊ぶ・グループで協力するゲームなど

〈実施日〉＿＿月＿＿日　〈時間〉＿＿時＿＿分　～　＿＿時＿＿分　〈着替え〉□有　□無

〈出題方法〉　□肉声　□録音　□その他（　　　　　　）　〈お手本〉□有　□無

〈試験形態〉　□個別　□集団（　　　人程度）

〈内容〉

□自由遊び

＿＿＿＿＿＿＿＿＿＿＿＿＿＿＿＿＿＿＿＿

□グループ活動

＿＿＿＿＿＿＿＿＿＿＿＿＿＿＿＿＿＿＿＿

□その他

＿＿＿＿＿＿＿＿＿＿＿＿＿＿＿＿＿＿＿＿

〈会場図〉

●運動テスト（有・無）　（例）跳び箱・チームでの競争など

〈実施日〉＿＿月＿＿日　〈時間〉＿＿時＿＿分　～　＿＿時＿＿分　〈着替え〉□有　□無

〈出題方法〉　□肉声　□録音　□その他（　　　　　　）　〈お手本〉□有　□無

〈試験形態〉　□個別　□集団（　　　人程度）

〈内容〉

□サーキット運動

□走り　□跳び箱　□平均台　□ゴム跳び

□マット運動　□ボール運動　□なわ跳び

□クマ歩き

□グループ活動＿＿＿＿＿＿＿＿＿＿＿＿＿＿＿＿

□その他＿＿＿＿＿＿＿＿＿＿＿＿＿＿＿＿＿＿

〈会場図〉

●知能テスト・口頭試問

〈実施日〉　　月　　日〈時間〉　　時　　分 ～ 時　　分〈お手本〉□有 □無

〈出題方法〉 □肉声 □録音 □その他（　　　　　）〈問題数〉 ____枚 ____問

分野	方法	内　　容	詳　細・イ　ラ　ス　ト
（例） お話の記憶	☑筆記 □口頭	動物たちが待ち合わせをする話	（あらすじ） 動物たちが待ち合わせをした。最初にウサギさんが来た。次にイヌくんが、その次にネコさんが来た。最後にタヌキくんが来た。 （問題・イラスト） ３番目に来た動物は誰か 
お話の記憶	□筆記 □口頭		（あらすじ） （問題・イラスト）
図形	□筆記 □口頭		
言語	□筆記 □口頭		
常識	□筆記 □口頭		
数量	□筆記 □口頭		
推理	□筆記 □口頭		
その他	□筆記 □口頭		

●制作　（例）ぬり絵・お絵かき・工作遊びなど

〈実施日〉＿＿月＿＿日〈時間〉＿＿時＿＿分　～　＿＿時＿＿分

〈出題方法〉　□肉声　□録音　□その他（　　　　　　）〈お手本〉□有　□無

〈試験形態〉　□個別　□集団（　　　　人程度）

材料・道具	制作内容
□ハサミ □のり（□つぼ　□液体　□スティック） □セロハンテープ □鉛筆　□クレヨン（　色） □クーピーペン（　色） □サインペン（　色）□ □画用紙（□ A4　□ B4　□ A3 □その他：　　　　　） □折り紙　□新聞紙　□粘土 □その他（　　　　　）	□切る　□貼る　□塗る　□ちぎる　□結ぶ　□描く　□その他（　　　　　　） タイトル：＿＿＿＿＿＿＿＿＿＿

●面接

〈実施日〉＿＿月＿＿日〈時間〉＿＿時＿＿分　～　＿＿時＿＿分〈面接担当者〉＿＿＿名

〈試験形態〉□志願者のみ（　　）名　□保護者のみ　□親子同時　□親子別々

〈質問内容〉

※試験会場の様子をご記入下さい。

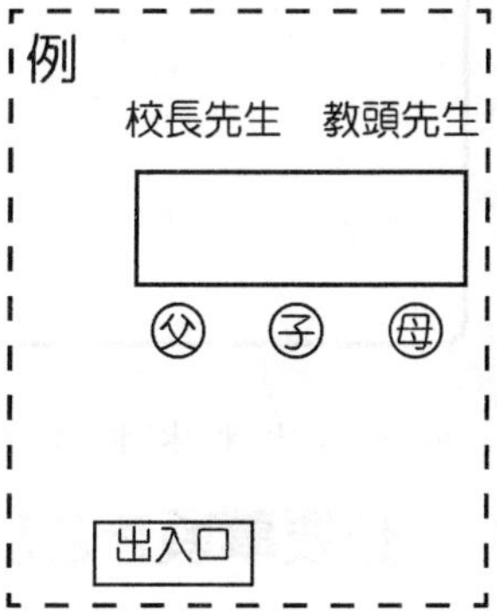

□志望動機　□お子さまの様子

□家庭の教育方針

□志望校についての知識・理解

□その他（　　　　　　　　　　　）

（　詳　細　）

・

・

・

・

●保護者作文・アンケートの提出（有・無）

〈提出日〉　□面接直前　□出願時　□志願者考査中　□その他（　　　　　　　　）

〈下書き〉　□有　□無

〈アンケート内容〉

（記入例）当校を志望した理由はなんですか（150 字）

●説明会（□有　□無）〈開催日〉＿＿＿月＿＿＿日〈時間〉＿＿時＿＿分～＿＿時＿＿分

〈上履き〉　□要　□不要　〈願書配布〉　□有　□無　〈校舎見学〉　□有　□無

〈ご感想〉

●参加された学校行事（複数回答可）

公開授業〈開催日〉＿＿＿月＿＿＿日〈時間〉＿＿時＿＿分～＿＿時＿＿分

運動会など〈開催日〉＿＿＿月＿＿＿日〈時間〉＿＿時＿＿分～＿＿時＿＿分

学習発表会・音楽会など〈開催日〉＿＿＿月＿＿＿日〈時間〉＿＿時＿＿分～＿＿時＿＿分

〈ご感想〉

※是非参加したほうがよいと感じた行事について

●受験を終えてのご感想、今後受験される方へのアドバイス

※対策学習（重点的に学習しておいた方がよい分野）、当日準備しておいたほうがよい物など

＊＊＊＊＊＊＊＊＊＊＊＊＊　ご記入ありがとうございました　＊＊＊＊＊＊＊＊＊＊＊＊＊

必要事項をご記入の上、ポストにご投函ください。

なお、本アンケートの送付期限は入試終了後３ヶ月とさせていただきます。また、入試に関する情報の記入量が当社の基準に満たない場合、謝礼の送付ができないことがございます。あらかじめご了承ください。

ご住所：〒＿＿＿＿＿＿＿＿＿＿＿＿＿＿＿＿＿＿＿＿

お名前：＿＿＿＿＿＿＿＿＿＿　メール：＿＿＿＿＿＿＿＿＿＿

ＴＥＬ：＿＿＿＿＿＿＿＿＿＿　ＦＡＸ：＿＿＿＿＿＿＿＿＿＿

アンケートのご記入
ありがとうございました

ご記入頂いた個人に関する情報は、当社にて厳重に管理致します。弊社の個人情報取り扱いに関する詳細は、www.nichigaku.jp/policy.php の「個人情報の取り扱い」をご覧下さい。

分野別 小学入試練習帳 ジュニアウォッチャー

1．点・線図形	小学校入試で出題頻度の高い『点・線図形』の模写を、難易度の低いものから段階別に幅広く練習することができるように構成。
2．座標	図形の位置模写という作業を、難易度の低いものから段階別に練習できるように構成。
3．パズル	様々なパズルの問題を難易度の低いものから段階別に練習できるように構成。
4．同図形探し	小学校入試で出題頻度の高い、同図形選びの問題を繰り返し練習できるように構成。
5．回転・展開	図形などを回転、または展開したとき、形がどのように変化するかを学習し、理解を深められるように構成。
6．系列	数、図形などの様々な系列問題を、難易度の低いものから段階別に練習できるように構成。
7．迷路	迷路の問題を繰り返し練習できるように構成。
8．対称	対称に関する問題を４つのテーマに分類し、各テーマごとに問題を段階別に練習できるように構成。
9．合成	図形の合成に関する問題を、難易度の低いものから段階別に練習できるように構成。
10．四方からの観察	もの（立体）を様々な角度から見て、どのように見えるかを推理する問題を段階別に整理し、１つの形式で複数の問題を練習できるように構成。
11．いろいろな仲間	ものや動物、植物の共通点を見つけ、分類していく問題を中心に構成。
12．日常生活	日常生活における様々な問題を６つのテーマに分類し、各テーマごとに一つの問題形式で複数の問題を練習できるように構成。
13．時間の流れ	『時間』に着目し、様々なものごとは、時間が経過するとどのように変化するのかということを学習し、理解できるように構成。
14．数える	様々なものを『数える』ことから、数の多少の判定やかけ算、わり算の基礎までを練習できるように構成。
15．比較	比較に関する問題を５つのテーマ（数、高さ、長さ、量、重さ）に分類し、各テーマごとに問題を段階別に練習できるように構成。
16．積み木	数える対象を積み木に限定した問題集。
17．言葉の音遊び	言葉の音に関する問題を５つのテーマに分類し、各テーマごとに問題を段階別に練習できるように構成。
18．いろいろな言葉	表現力をより豊かにするいろいろな言葉として、擬態語や擬声語、同音異義語、反意語、数詞を取り上げた問題集。
19．お話の記憶	お話を聴いてその内容を記憶、理解し、設問に答える形式の問題集。
20．見る記憶・聴く記憶	「見て憶える」「聴いて憶える」という『記憶』分野に特化した問題集。
21．お話作り	いくつかの絵を元にしてお話を作る練習をして、想像力を養うことができるように構成。
22．想像画	描かれてある形や景色に好きな絵を描くことにより、想像力を養うことができるように構成。
23．切る・貼る・塗る	小学校入試で出題頻度の高い、はさみやのりなどを用いた巧緻性の問題を繰り返し練習できるように構成。
24・絵画	小学校入試で出題頻度の高い、お絵かきやぬり絵などクレヨンやクーピーペンを用いた巧緻性の問題を繰り返し練習できるように構成。
25．生活巧緻性	小学校入試で出題頻度の高い日常生活の様々な場面における巧緻性の問題集。
26．文字・数字	ひらがなの清音、濁音、拗音、拗長音、促音と１～20までの数字に焦点を絞り、練習できるように構成。
27．理科	小学校入試で出題頻度が高くなりつつある理科の問題を集めた問題集。
28．運動	出題頻度の高い運動問題を種目別に分けて構成。
29．行動観察	項目ごとに問題提起をし、「このような時はどうか、あるいはどう対処するのか」の観点から問いかける形式の問題集。
30．生活習慣	学校から家庭に提起された問題と思って、一問一問絵を見ながら話し合い、考える形式の問題集。

31．推理思考	数、量、言語、常識（含理科、一般）など、諸々のジャンルから問題を構成し、近年の小学校入試問題傾向に沿って構成。
32．ブラックボックス	箱や筒の中を通ると、どのようなお約束でどのように変化するかを推理・思考する問題集。
33．シーソー	重さの違うものをシーソーに乗せた時どちらに傾くのか、またどうすればシーソーは釣り合うのかを思考する基礎的な問題集。
34．季節	様々な行事や植物などを季節別に分類できるように知識をつける問題集。
35．重ね図形	小学校入試で頻繁に出題されている「図形を重ね合わせてできる形」についての問題を集めました。
36．同数発見	様々な物を数え「同じ数」を発見し、数の多少の判断や数の認識の基礎を学べるように構成した問題集。
37．選んで数える	数の学習の基本となる、いろいろなものの数を正しく数える学習を行う問題集。
38．たし算・ひき算１	数字を使わず、たし算とひき算の基礎を身につけるための問題集。
39．たし算・ひき算２	数字を使わず、たし算とひき算の基礎を身につけるための問題集。
40．数を分ける	数を等しく分ける問題です。等しく分けたときに余りが出るものもあります。
41．数の構成	ある数がどのような数で構成されているか学んでいきます。
42．一対多の対応	一対一の対応から、一対多の対応まで、かけ算の考え方の基礎学習を行います。
43．数のやりとり	あげたり、もらったり、数の変化をしっかりと学びます。
44．見えない数	指定された条件から数を導き出します。
45．図形分割	図形の分割に関する問題集。パズルや合成の分野にも通じる様々な問題を集めました。
46．回転図形	「回転図形」に関する問題集。やさしい問題から始め、いくつかの代表的なパターンから、段階を踏んで学習できるよう編集されています。
47．座標の移動	「マス目の指示通りに移動する問題」と「指示された数だけ移動する問題」を収録。
48．鏡図形	鏡で左右反転させた時の見え方を考えます。平面図形から立体図形、文字、絵まで。
49．しりとり	すべての学習の基礎となる「言葉」を学ぶこと、特に「語彙」を増やすことに重点をおき、さまざまなタイプの「しりとり」問題を集めました。
50．観覧車	観覧車やメリーゴーラウンドなどを舞台にした「回転系列」の問題集。「推理思考」分野の問題ですが、要素として「図形」や「数量」も含みます。
51．運筆①	鉛筆の持ち方を学び、点線なぞり、お手本を見ながらの模写で、線を引く練習をします。
52．運筆②	運筆①からさらに発展し、「欠所補完」や「迷路」などを楽しみながら、より複雑な鉛筆運びを習得することを目指します。
53．四方からの観察 積み木編	積み木を使用した「四方からの観察」に関する問題を練習できるように構成。
54．図形の構成	見本の図形がどのような部分によって形づくられているかを考えます。
55．理科②	理科的知識に関する問題を集中して練習する「常識」分野の問題集。
56．マナーとルール	道路や駅、公共の場でのマナー、安全や衛生に関する常識を学べるように構成。
57．置き換え	さまざまな具体的・抽象的事象を記号で表す「置き換え」の問題を扱います。
58．比較②	長さ・高さ・体積・数などを数学的な知識を使わず、論理的に推測する「比較」の問題を練習できるように構成。
59．欠所補完	線と線のつながり、欠けた絵に当てはまるものなどを求める「欠所補完」に取り組める問題集です。
60．言葉の音（おん）	しりとり、決まった順番の音をつなげるなど、「言葉の音」に関する問題に取り組める練習問題集です。

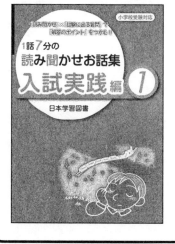

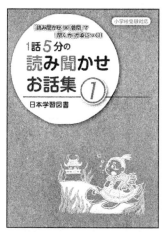

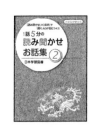

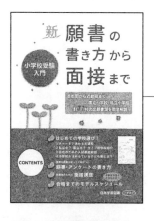

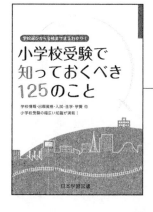

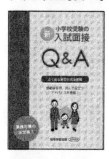

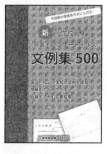

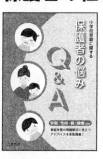

洛南高等学校附属小学校　専用注文書

年　月　日

合格のための問題集ベスト・セレクション

＊入試頻出分野ベスト３

1st　推理
思考力　観察力　聞く力

2nd　図形
観察力　思考力

3rd　言語
知識　聞く力

問題がやさしくなってきているとはいえ、推理問題を中心に考えさせる問題が数多く出題されています。また、出題分野が幅広い上に問題数も多いので、集中力の持続も必要になってきます。

分野	書名	価格(税込)	注文	分野	書名	価格(税込)	注文
図形	Ｊｒ・ウォッチャー4「同図形探し」	1,650円	冊	数量	Ｊｒ・ウォッチャー40「数を分ける」	1,650円	冊
図形	Ｊｒ・ウォッチャー5「回転・展開」	1,650円	冊	数量	Ｊｒ・ウォッチャー43「数のやりとり」	1,650円	冊
図形	Ｊｒ・ウォッチャー6「系列」	1,650円	冊	図形	Ｊｒ・ウォッチャー45「図形分割」	1,650円	冊
常識	Ｊｒ・ウォッチャー11「いろいろな仲間」	1,650円	冊	図形	Ｊｒ・ウォッチャー46「回転図形」	1,650円	冊
常識	Ｊｒ・ウォッチャー12「日常生活」	1,650円	冊	図形	Ｊｒ・ウォッチャー47「座標の移動」	1,650円	冊
数量	Ｊｒ・ウォッチャー16「積み木」	1,650円	冊	巧緻性	Ｊｒ・ウォッチャー51「運筆①」	1,650円	冊
言語	Ｊｒ・ウォッチャー17「言葉の音遊び」	1,650円	冊	巧緻性	Ｊｒ・ウォッチャー52「運筆②」	1,650円	冊
記憶	Ｊｒ・ウォッチャー19「お話の記憶」	1,650円	冊	図形	Ｊｒ・ウォッチャー54「図形の構成」	1,650円	冊
記憶	Ｊｒ・ウォッチャー20「見る記憶・聴く記憶」	1,650円	冊	常識	Ｊｒ・ウォッチャー55「理科②」	1,650円	冊
常識	Ｊｒ・ウォッチャー27「理科」	1,650円	冊	常識	Ｊｒ・ウォッチャー56「マナーとルール」	1,650円	冊
観察	Ｊｒ・ウォッチャー28「運動」	1,650円	冊		新 運動テスト問題集	2,420円	冊
推理	Ｊｒ・ウォッチャー31「推理思考」	1,650円	冊		お話の記憶問題集 中級編・上級編	2,200円	各　冊
数量	Ｊｒ・ウォッチャー38「たし算・ひき算1」	1,650円	冊		保護者のための入試面接最強マニュアル	2,200円	冊
数量	Ｊｒ・ウォッチャー39「たし算・ひき算2」	1,650円	冊		新 願書・アンケート・作文 文例集500	2,860円	冊

合計	冊	円

(フリガナ) 氏　名	電　話 ＦＡＸ E-mail
住 所　〒　　　－	以前にご注文されたことはございますか。 有　・　無

★お近くの書店、または記載の電話・FAX・ホームページにてご注文をお受けしております。
電話：03-5261-8951　FAX：03-5261-8953　代金は書籍合計金額＋送料がかかります。
※なお、落丁・乱丁以外の理由による商品の返品・交換には応じかねます。

★ご記入頂いた個人に関する情報は、当社にて厳重に管理致します。なお、ご購入の商品発送の他に、当社発行の書籍案内、書籍に関する調査に使用させて頂く場合がございますので、予めご了承ください。

日本学習図書株式会社
https://www.nichigaku.jp

立命館小学校　専用注文書

年　　月　　日

合格のための問題集ベスト・セレクション

＊入試頻出分野ベスト３

1st 常　識	2nd 図　形	3rd 推　理
知　識／聞く力	観察力／思考力	思考力／観察力

それほど難しい問題が出題されることはないので、基礎をしっかりと学んでおけば充分に対応できます。その際、ペーパー学習だけでななく、生活体験を通じた学習を心がけるようにしてください。

分野	書　名	価格(税込)	注文	分野	書　名	価格(税込)	注文
図形	Ｊｒ・ウォッチャー4「同図形探し」	1,650円	冊	数量	Ｊｒ・ウォッチャー39「たし算・ひき算2」	1,650円	冊
図形	Ｊｒ・ウォッチャー6「系列」	1,650円	冊	数量	Ｊｒ・ウォッチャー44「見えない数」	1,650円	冊
推理	Ｊｒ・ウォッチャー7「迷路」	1,650円	冊	言語	Ｊｒ・ウォッチャー49「しりとり」	1,650円	冊
図形	Ｊｒ・ウォッチャー8「対称」	1,650円	冊	巧緻性	Ｊｒ・ウォッチャー51「運筆①」	1,650円	冊
常識	Ｊｒ・ウォッチャー11「いろいろな仲間」	1,650円	冊	巧緻性	Ｊｒ・ウォッチャー52「運筆②」	1,650円	冊
常識	Ｊｒ・ウォッチャー12「日常生活」	1,650円	冊	推理	Ｊｒ・ウォッチャー53「四方からの観察 積み木編」	1,650円	冊
数量	Ｊｒ・ウォッチャー16「積み木」	1,650円	冊		1話5分の読み聞かせお話集①・②	1,980円	各　冊
言語	Ｊｒ・ウォッチャー17「言葉の音遊び」	1,650円	冊		お話の記憶問題集 初級編	2,860円	冊
言語	Ｊｒ・ウォッチャー18「いろいろな言葉」	1,650円	冊		実践 ゆびさきトレーニング①・②・③	2,750円	各　冊
記憶	Ｊｒ・ウォッチャー19「お話の記憶」	1,650円	冊		小学校受験で知っておくべき125のこと	2,860円	冊
記憶	Ｊｒ・ウォッチャー20「見る記憶・聴く記憶」	1,650円	冊		新 小学校受験の入試面接Q＆A	2,860円	冊
巧緻性	Ｊｒ・ウォッチャー23「切る・貼る・塗る」	1,650円	冊		保護者のための入試面接最強マニュアル	2,200円	冊
観察	Ｊｒ・ウォッチャー29「行動観察」	1,650円	冊		家庭で行う面接テスト問題集	2,200円	冊
数量	Ｊｒ・ウォッチャー38「たし算・ひき算1」	1,650円	冊		新 願書・アンケート・作文 文例集500	2,860円	冊

合計	冊	円

(フリガナ) 氏　名	電　話 ＦＡＸ E-mail
住 所　〒　　　－	以前にご注文されたことはございますか。 有　・　無

★お近くの書店、または記載の電話・FAX・ホームページにてご注文をお受けしております。
電話：03-5261-8951　FAX：03-5261-8953　代金は書籍合計金額＋送料がかかります。
※なお、落丁・乱丁以外の理由による商品の返品・交換には応じかねます。

★ご記入頂いた個人に関する情報は、当社にて厳重に管理致します。なお、ご購入の商品発送の他に、当社発行の書籍案内、書籍に関する調査に使用させて頂く場合がございますので、予めご了承ください。

日本学習図書株式会社
https://www.nichigaku.jp

京都幼児教室は有名国立・私立小学校を中心に抜群の合格実績を誇っています。

年長児4月～9月まで

洛南クラス

●現在の授業日

火曜日
15:00～17:00
土曜日
9:40～11:40

音声によるテストを毎回実施し、より実践的な内容となっております。難度の高い問題・思考力が必要な問題など、様々なパターンのプリント学習を中心に授業に取り組む姿勢を高めていきます。

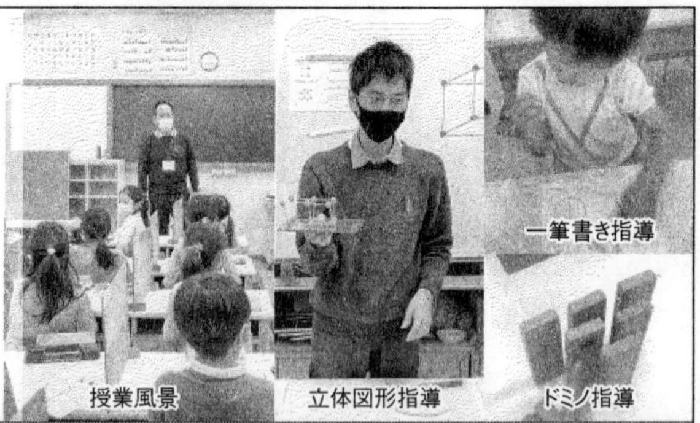
授業風景　立体図形指導　一筆書き指導　ドミノ指導

年中児4月～9月まで

4歳児洛南小クラス

●現在の授業日

月曜日
14:35～16:50
土曜日
13:00～15:15

音声によるテストを毎回実施します。入試に必要な内容で指導を行い、聞き取り・巧緻性・言語面を強化していきます。

授業風景

年長児4月～9月まで

受験科クラス

●現在の授業日

火曜日 立命館・同志社・ノートルダム小対応クラス
15:00～17:00
土曜日 京女・聖母小対応クラス
14:00～16:00

各小学校に対応した授業内容となっております。プリント・運動・制作・面接と練習していき、バランスよく力をつけていきます。

授業風景　面接練習

年長児4月～9月まで

小学校受験対策 体操スクール

●現在の授業日

土曜日
13:05～13:45

運動技能の習得は勿論、出願頻度の高い指示運動や待つ姿勢にも取り組みます。受験に出願される内容を全て網羅します。

授業風景

年長児対象　小学校受験対策 **教育大附属小クラス**	年長児対象　総合的知能開発 **算数・国語クラス**	2歳児～年長児対象　総合運動能力開発 **体操スクール**
年少児対象　小学校受験対策 **3歳児・ハイレベル洛南小クラス**	年少児対象　総合的知能開発 **3歳児クラス**	0～2歳児対象　総合的知能開発 **育脳クラス**

お問い合せは、京都幼児教室まで　☎ 075-344-5013　✉ kyoto@kirara-kids.com

京都幼児教室

四条教室　〒600-8083 京都市下京区高倉通仏光寺上ル
TEL.075-344-5013/FAX.075-344-5015

ホームページ　https://kyotoyouji.kirara-kids.com

家庭学習をトータルサポート！ ニチガクのオリジナル 効果的 学習法

1 まずは アドバイスページを読む！

ピンク色です

対策や試験ポイントがぎっしりつまった「家庭学習ガイド」。分野アイコンで、試験の傾向をおさえよう！

2 問題をすべて読み、出題傾向を把握する

3 「アドバイス」で学校側の観点や問題の解説を熟読

4 はじめて過去問題にチャレンジ！

5 プラスα 対策問題集や類題で力を付ける

過去問のこだわり

最新問題は問題ページ、イラストページ、解答・解説ページが独立しており、お子さまにすぐに取り掛かっていただける作りになっています。
ニチガクの学校別問題集ならではの、学習法を含めたアドバイスを利用して効率のよい家庭学習を進めてください。

各問題のジャンル

問題4 分野：系列

〈準　備〉　クーピーペン（赤）

〈問　題〉　左側に並んでいる３つの形を見てください。真ん中の抜けているところには右側のどの四角が入ると繋がるでしょうか。右側から探して○を付けてください。

〈時　間〉　30秒

〈解　答〉　①真ん中　②右　③左

アドバイス

複雑な系列の問題です。それぞれの問題がどのような約束で構成されているのか確認をしましょう。この約束が理解できていないと問題を解くことができません。また、約束を見つけるとき、一つの視点、考えに固執するのではなく、色々と着眼点を変えてとらえるようにすることで発見しやすくなります。この問題では、①と②は中の模様が右の方へまっすぐ1つずつ移動しています。③は4つの矢印が右の方へ回転して1つずつ移動しています。それぞれ移動のし方が違うことに気が付きましたでしょうか。系列にも様々な出題がありますので、このような系列の問題も学習しておくことをおすすめ致します。系列の問題は、約束を早く見つけることがポイントです。

【おすすめ問題集】
Ｊｒ・ウォッチャー６「系列」

アドバイス

各問題の解説や学校の観点、指導のポイントなどを教えます。
今日から保護者の方が家庭学習の先生に！

おすすめ対策問題集

分野ごとに対策問題集をご紹介。苦手分野の克服に最適です！
＊専用注文書付き。

2025年度版　洛南高等学校附属小学校
立命館小学校　過去問題集

発行日　2024年5月17日
発行所　〒162-0821 東京都新宿区津久戸町 3-11-9F
日本学習図書株式会社
電　話　03-5261-8951 ㈹

ISBN978-4-7761-5585-0
C6037 ¥2400E
9784776155850
定価 2,640 円
(本体 2,400 円＋税 10%)
1926037024002